denkMal 2 • In F

denkMal 2 – Standpunkte aus Theologie und Kirche

2. Band
Matthias Krieg/Hans Jürgen Luibl (Hrsg.)
In Freiheit Gesicht zeigen

Matthias Krieg/Hans Jürgen Luibl (Hrsg.)

In Freiheit Gesicht zeigen

Zur Wiederaufnahme des liturgischen Bekennens
im reformierten Gottesdienst

Pano Verlag Zürich

Die Deutsche Bibliothek – CIP-Einheitsaufnahme

In Freiheit Gesicht zeigen : Zur Wiederaufnahme des liturgischen Bekennens im reformierten Gottesdienst / Matthias Krieg/Hans Jürgen Luibl (Hrsg.). - Zürich : Pano-Verl., 1999
  (DenkMal ; 2)
  ISBN 3-907576-20-9

© 1999 by Pano Verlag, Zürich
Umschlaggestaltung: Edith Gloor, Zürich
Druckvorlage: Susanne Weiss, Schwerzenbach
Alle Rechte vorbehalten
ISBN 3-907576-20-9

Inhalt

Einleitung

Im Januar 1997 traf sich die Projektgruppe «Reformierte Identität» zum ersten Mal. - Klar war die Fragestellung: Was heisst es, in einer postkonfessionellen und multireligiösen, wenn nicht gar nachchristlichen Epoche «reformiert» zu sein? Inwiefern ist reformiert zu sein mehr, als nicht katholisch oder nicht lutherisch zu sein? Gibt es überhaupt reformierte Eigentümlichkeiten? Klar war die Zielformulierung: Ein schriftliches Grundlagenwerk sollte entstehen, das für Interessierte lesbar wäre, vor allem aber für die Erwachsenenbildung der Kirchgemeinden verwendbar. - Unklar war der Arbeitstitel: Wie sinnvoll oder missverständlich ist die Verbindung der Wörter «reformiert» und «Identität»? Lässt sich mit «reformiert» auch ein spezifisches identitätsbildendes Milieu beschreiben? Gibt es überhaupt ein reformiertes Profil? Unklar war der Weg: Wir wollten nicht von den reformierten Denkmälern der Geschichte herab in unsere Gegenwart hineinreden, sondern reformierte Prägungen der Gegenwart entdecken, um von den Wirkungen aus zu den reformierten Wurzeln zu gelangen.

Im Mai 1998 zeichnete sich das «Projekt Bekenntnis» ab: als Seitenzweig des «Projekts Reformierte Identität». - Auf ihrem bis dahin unklaren Weg war die Projektgruppe beim scheinbar spezifisch reformierten Phänomen des fehlenden liturgischen Bekennens hängengeblieben, ein Phänomen, das von kirchlich Verantwortlichen gern als theoretische «Bekenntnisfreiheit» gepriesen, von der übergrossen Mehrheit der Kirchenmitglieder aber als praktische «Bekenntnislosigkeit» erlebt wird. In unseren Gesprächen entstand die Idee, durch einen Pilotversuch Erfahrungen zu den Fragen zu sammeln, ob eine Wiederaufnahme des regelmässigen liturgischen Bekennens in unseren Zürcher Gemeinden eine Chance hätte, ob dies auf Gemeindeebene zu einer Kommunikation des Glaubens führen könnte, ob eine Profilierung des Christseins, der Kirchgemeinde und so auch der Landeskirche möglich wäre. - Aber es sollte zum Wesen dieser Idee gehören, sie auf reformierte Art zu realisieren: Die Wiederaufnahme des Bekennens sollte weder vom Kirchenrat hierarchisch dekretiert noch von der Pfarrschaft klerikal entschieden, vielmehr ein gesamtkirchlicher Meinungsbildungsprozess ermöglicht werden. Die Texte des Bekennens sollten weder durch Wiedereinführung eines alten Bekenntnisses noch durch Abfassung eines neuen Bekenntnisses beschafft, vielmehr in einem jeweils gemeindeeigenen Kommunikationsprozess erarbeitet werden.

Im Juli 1998 stimmte der Kirchenrat der evangelisch-reformierten Landeskirche Zürich einem Grundlagenpapier zu, das er im September 1998 durch ein Verfahrenspapier ergänzte. – So läuft seit Jahresbeginn in zwölf Kirchgemeinden der einjährige Pilotversuch; so wurden die Verantwortlichen des Kirchenbundes und interessierter Kantonalkirchen zu einer orientierenden Aussprache geladen; so wurde die Pfarrschaft über ihre Dekaninnen und Dekane informiert. Die kirchliche Presse hat sich inzwischen von selbst gemeldet, und mit oder ohne Recherche sind Beiträge zur Bekenntnisfrage publiziert worden: weitere Mosaiksteine im Meinungsbildungsprozess des Jahres 1999. – Bis Ostern 2000 wird es zu einer Auswertung kommen, und etwa bis Pfingsten 2000 will der Kirchenrat über die weiteren Schritte entschieden haben.

Im Juli 1999 ist «denkMal» mit seiner zweiten Ausgabe erschienen, als Plattform der Meinungen zum «Projekt Bekenntnis». – Sie finden im ersten Teil dieses Heftes das vom Kirchenrat am 8.7.98 gutgeheissene Grundlagenpapier, dazu sechs kurze Statements von Personen aus verschiedenen Erfahrungsbereichen und schliesslich drei theologische Essays von Theologen, denen das Grundlagenpapier und die Statements vorlagen. Der zweite Teil zeigt mit zwei Entwürfen, wie der Text des Bekenntnisses aussehen könnte, und bringt dann in journalistischer Aufbereitung ein zweistündiges Expertengespräch, das zunächst die Durchführbarkeit des Projekts zum Thema und dann die beiden Entwürfe zum Gegenstand hatte. Den dritten Teil bildet ein wissenschaftlicher Aufsatz, der die überraschende Breite und Tiefe in der gegenwärtigen Verwendung des Verbs «Bekennen» ausmisst.

Die Herausgeber bedanken sich herzlich bei allen, die für diesen Band und sein Thema gedacht und geschrieben haben. Mögen ihre Gedanken und Worte Kreise ziehen, Gespräche auslösen, Kommunikation des Glaubens ermöglichen. Wir bedanken uns bei allen, die denkMal 1 gelesen, mit der Broschüre gearbeitet und uns Rückmeldungen gegeben haben. Die Nummer ist ausverkauft! Ihre Reaktionen haben zu Veränderungen und, wie wir hoffen, auch zu Verbesserungen in diesem Band geführt. Schliesslich danken wir einmal mehr dem Zürcher Kirchenrat für die Finanzierung, dem Verlag für die Zusammenarbeit und Susanne Weiss für die Aufbereitung des Textes.

Zürich im April 1999   Matthias Krieg

Grundlagenpapier

Projekt Bekenntnis

Zürcher Kirchenrat

A. Zum Bekennen

Evangelisches Bekennen kann nur *aus Freiheit und auf Freiheit hin* geschehen. Nur als Antwort der Befreiten auf das befreiende Handeln Gottes am Einzelnen macht es Sinn. Als zwanghafte Übung würde es selbst seinem Inhalt widersprechen und wäre damit sinnlos, wenn nicht gar kontraproduktiv. Gott, der am Einzelnen befreiend handelt, befreit ihn aber auch dazu, in Freiheit Gesicht zu zeigen. Der «status confessionis» ist evangelisch als Status der Freiheit zu verstehen, und dies mag, so Gott will, auch für andere befreiend sein. – Das Wort «status» macht deutlich, dass das Bekennen seine Orte, seine «Sitze im Leben» hat:

1. Das Bekennen ist zunächst eine liturgisch-sprachliche Handlung *im Gottesdienst.* Dazu gehören: eine soziokulturelle Situation, die erfordert, Gesicht zu zeigen; eine Gemeinschaft, die zusammen das Subjekt des Bekennens ist; ein Inhalt, der Glaubensaussagen fundamentaltheologisch zusammenfasst; ein Forum, insofern der Gottesdienst öffentlich ist; und die Wiederholung, die durch regelmässig wiederkehrende Anlässe angezeigt ist (Taufe, Abendmahl, Jahresfeste). Bekennen bedeutet, das erste Gebot christlich umzusetzen.

2. Das Bekenntnis gewinnt dann auch einen Ort *in der Katechese:* Dort fasst es fundamentaltheologisch den anerkannten Grundbestand des Glaubens zusammen, führt nachwachsende Generationen in den gemeinsamen Glauben der Mütter und Väter ein und sichert durch Erinnerung die religiöse Kontinuität der Gemeinde.

3. Das Bekennen hat damit einen *zweifachen Ort und ein zweifaches Ziel:* liturgisch im Gottesdienst zur Vergewisserung und katechetisch im Unterricht zur Unterweisung. Beidemale hat es identitätsbezogene Funktionen: Im Gottesdienst (und für die erwachsenen Glieder der Kirche) wirkt es identitätssichernd, im Unterricht (und für die nachwachsenden Glieder der Kirche) identitätsbildend. An beiden Orten gilt: «Mit dem Glaubensbekenntnis bezeugt die Kirche ihre christliche Identität.» (Leuenberger 9)

4. Diese Vorlage bezieht sich ausschliesslich auf das Bekennen im Gottesdienst und sprachlich-literarisch auf das liturgiefähige Bekenntnis. Sie geht davon aus, dass die Frage, was die Einheit einer Kirche symboli-

siert, künftig noch deutlicher als schon jetzt zur Kernfrage der Kirche werden wird, dass die Antwort darauf im reformierten Bereich mit dem «Wort» zu tun haben muss und dass der Gottesdienst der angemessene Ort und in ihm das Bekenntnis die angemessene Antwort darstellen.

B. Zur Geschichte der Bekenntnisfreiheit

Die Geschichte der Verwendung von Bekenntnissen im Gottesdienst und in der Katechese ist lang und komplex. Mit Blick auf die Schweiz und Zürich sind hier nur einige Punkte herausgegriffen:

1. Auch in den *reformierten Kirchen* sind die Bekenntnisse in direkter Auseinandersetzung mit theologischer Gegnerschaft entstanden, so «Das Erste Helvetische Bekenntnis» (1536), der «Consensus Tigurinus» (1549), das Bekenntnis Heinrich Bullingers (1562), der «Heidelberger Katechismus» (1563), «Das Zweite Helvetische Bekenntnis» (1566), die «Consensusformel» (1675) oder davon abhängig ein anderes regional-kirchliches Bekenntnis.

2. Für die *Reformatoren* war das *Apostolicum* der massgebliche Text: Luther verstand es als die «Summa der Heiligen Schrift» und als geglückte Elementarisierung des Glaubens («puerorum doctrina, quae totum Christianismum comprehendit«, WA 45,24,23-24). Er hat es deshalb zusammen mit dem Dekalog und dem Unservater mehrfach ausgelegt und in den Katechismus aufgenommen. Das Apostolicum gelangte in den lutherischen Kirchen im Predigtgottesdienst zur liturgischen Verwendung, während in der (Deutschen) Messe das Nizänum rezitiert wurde. – Zwingli orientierte sich in seiner Berner «Credo-Predigt» (1528) und in seiner «Fidei christianae expositio» (1531) am Apostolicum, Bullinger in den «Loci communes» (1527) und in der «Catechesis pro adultioribus» (1559). Calvin schätzte das Apostolicum mehr als das Nizänum. Er kommentierte es mehrmals und nahm es für die Letztauflage seiner «Institutio» (1559) als Ordnungsprinzip. In den reformierten Kirchen gehörte es zum selbstverständlichen liturgischen Bestand des Gottesdienstes, und sämtliche reformierten Bekenntnisse und Katechismen gehen von ihm aus. – Sogar die Randgruppen der Reformation, ihr sogenannter «linker Flügel» (Taufgesinnte u.A.), werteten das Apostolicum unbestritten als selbstverständliche Summe christlichen Glaubens.

3. Im 17. Jahrhundert hatte der Lutheraner *Georg Calixt* (1586-1656), der auf seinen Reisen in starke Berührung mit Reformierten gekommen war und die konfessionalistisch zerstrittene Christenheit zueinander führen wollte, das Apostolicum als gemeinsame Basis hervorgehoben, denn in ihm seien alle Grundlagen des gemeinsamen Glaubens vollständig und deutlich genannt. Seine indirekte Abwertung der reforma-

torischen Bekenntnistexte rief die orthodoxen Lutheraner auf den Plan.

4. Der sogenannte «*Apostolikumstreit*» begann im ersten Drittel des 19. Jahrhunderts mit dem «Agendenstreit»: Der preussische König berief sich im Rahmen des «landesherrlichen Kirchenregiments» auf sein «ius liturgicum», um dem liturgischen Wildwuchs im Gottesdienst ein Ende zu bereiten und eine einheitliche Gottesdienstordnung («Agenda») zu erreichen. Dazu sollte die Einführung des Apostolicums gehören. Weil Predigt und Gemeindegesang in den Hintergrund zu rücken schienen, erhob sich heftiger Widerstand gegen katholisierende Tendenzen, besonders prominent auch vom reformierten Theologen Friedrich Schleiermacher. – Ab der Mitte des Jahrhunderts stand die Diskussion des Apostolicums im Mittelpunkt: Liberale Theologen wandten sich gegen den «Symbolzwang» der Positiven. Das «Symbolum apostolorum», so der alte Name des Apostolicums, zwinge zur Metaphysik und Mythologie der Griechen und hintergehe die Erkenntnisse von Reformation und Bibelkritik. – Der Streit währte bis ins erste Jahrzehnt unseres Jahrhunderts, führte aber nicht zu Lösungen, sondern hinterliess bleibende Verunsicherungen: Die Abschaffung des Apostolicums stand nie zur Diskussion, wohl aber seine Entfernung aus dem Gottesdienst (von Harnack). Der liturgische Gebrauch wurde für fakultativ erklärt. Bis heute blieb die Frage ungeklärt, ob und inwiefern das aufgeklärte Individuum, der kritisch geschulte und denkende Einzelne der Moderne, sich die Aussagen des Apostolicums persönlich und in der Gemeinde zu eigen machen kann.

5. In *Zürich* wurde die Pfarrschaft etwa zweihundert Jahre lang «auf keine Bekenntnisschrift förmlich verpflichtet» (G. Schmid 247), weil das Apostolicum als selbstverständlich galt: Erst 1714, also im Zuge der Aufklärung, wurde die Verpflichtung ohne Wissen des Zürcher Rats als Zusatz im «Verzeichnis der Expektanten», worin sich Theologen nach ihrer Ordination einzutragen hatten, eingeschmuggelt. Doch die Verpflichtung auf die «Consensusformel» fiel bereits 1737 wieder dahin, die auf das «Zweite Helvetische Bekenntnis» dann mit der Synodalordnung von 1803. – Neben diesen Bekenntnistexten, die nicht für den liturgischen Gebrauch gedacht und geeignet waren, sondern das theologische Profil der Theologen bestimmen sollten, wurde seit der Reformation das Apostolicum liturgisch verwendet. Doch auch die Schweiz erlebte ihre spezifische Variante des «Apostolikumstreit»: Im Kontext der zunehmenden Gemeindeautonomie, im Geist des aufkommenden bürgerlichen Liberalismus und in Abgrenzung von restaurativen Tendenzen im Katholizismus der Zeit gewannen rationalistische Züge der Theologie so die Oberhand, dass bei einem Festhalten am «Symbolzwang» die Einheit der reformierten Kirchen zu zerbrechen drohte. – Während es in der Westschweiz tatsächlich zu nachhaltigen Spaltungen kam, bestand die Zürcher Lösung in der Freigabe des Apostolicums

zur fakultativen Verwendung: Im Gefolge des «Falls Vögelin» (vgl.
H.H. Schmid 112-115) nahm die Synode am 28. Oktober 1868 eine Li-
turgie an, in der die Verwendung des Apostolicums freigestellt war.
«Seither kennt unsere reformierte Landeskirche des Kantons Zürich die
Bekenntnisfreiheit. Sie bedeutet nicht Freiheit vom Bekenntnis, son-
dern die Freiheit im Bekenntnis.» (G. Schmid 249).

6. Die *Kirchenordnung* der Evangelisch-Reformierten Landeskirche des
Kantons Zürich vom 2. Juli 1967 formuliert denn auch in Artikel 4
(mit der Marginalie «Bekenntnis»): «Die Landeskirche ist mit ihren
Gliedern allein auf das Evangelium von Jesus Christus verpflichtet. Er
ist einziger Ursprung und Herr ihres Glaubens, Lehrens und Lebens.
Die Landeskirche bekennt dieses Evangelium in Gemeinschaft mit der
gesamten christlichen Kirche aller Zeiten.»

7. Bereits parallel zum Verglimmen des «Apostolikumstreits» setzte eine
Rückbesinnung auf das Apostolicum ein: Karl Barth vollzog eine To-
talwende seiner persönlichen Einstellung zwischen 1920, als er jede An-
deutung von «Bekenntnis» in der neuen Kirchenordnung des Aargau
zu verhindern wusste, und 1921, als er seine Professur in Göttingen an-
trat. Seither bedauert er das Fehlen einer Ordinationsverpflichtung auf
«ein bestimmtes reformatorisches Bekenntnis», eines Katechismus im
Unterricht und einer Taufverpflichtung «etwa auf das sog. Apostolikum», und das reformierte Kirchentum nennt er «bekenntnisschwach»
(1935). Seither legt er immer wieder auch das Apostolicum aus, erst-
mals in einer Vorlesung (1923), dann in den Publikationen «Credo»
(1935) und «Confession de la Foi de l'Église» (1943), schliesslich in seiner wegweisenden «Dogmatik im Grundriss» (1947), die er als «Paraphrase des ‹apostolischen Glaubensbekenntnisses›» versteht (Barth 5)
und in deren erster Vorlesung er das Apostolicum «die Grundform»
des Bekenntnisses nennt (Barth 15). – Otto Weber betont 1955 zur Frage «Was heisst heute ‹reformiert›?», nach reformierter Auffassung sei
«das formulierte Bekenntnis zwar wichtig, aber doch nie und nimmer
der Schrift gleichzuachten» (Weber 148), womit er es zwar gegenüber
dem biblischen Wort völlig richtig relativiert, aber auch völlig eindeutig als gegeben und genutzt voraussetzt. – Christian Link stellt 1993 in
einem Referat zum Thema «Reformierte Identität» die Frage «Was
heisst unter den Bedingungen der Gegenwart Treue zum Projekt der
Reformation?» (C. Link 346), und er beantwortet sie erstens mit
«Orientierung an der Schrift» und zweitens mit «Aktuellem Bekennen»:
«Auf diese ‹Kenntlichkeit› – das ist älteste reformierte Tradition – lässt
sich schlechterdings nicht verzichten» (Link 348), meint er, und was er
fordert, ist «diese Tradition des situationsgebundenen kontextuellen
Bekennens» (C. Link 349). – 1993 publiziert Robert Leuenberger das
Glaubensbuch «Glauben. Das Apostolische Bekenntnis verstehen». Zur
Bekenntnisfreiheit der Schweizer Reformierten meint Leuenberger:
«Die Tatsache, dass sie kein formuliertes Bekenntnis als verbindlich

anerkennen und, wie es scheint, zur Zeit weder willens noch in der Lage sind, sich auf ein solches zu einigen, ist der authentische Ausdruck
ihrer gegenwärtigen Christlichkeit. Anders gesagt: keine eindeutige
Identität zu haben, kann, sofern man sich dies in der ganzen Tragweite
bewusst macht, auch eine Art von Identität sein. Sich dessen zu rüh-
men, besteht gewiss kein Grund, wenngleich dies nicht selten zu geschehen pflegt. Seine Bekenntnisverlegenheit jedoch offen einzugeste-
hen, ohne sich dafür zu rechtfertigen, das mag wohl auch ein Bekenntnis sein: wird damit doch zugegeben, dass man Gott und den
Menschen etwas schuldig bleibt.» (Leuenberger 19).

8. Vonseiten *engagierter Gemeindeglieder* gibt es seit den Achtzigerjahren
Vorstösse, ein strukturiertes Bekennen wieder einzuführen: Unter den
sieben Schlussdokumenten der Schweizerischen Evangelischen Synode
(1987) ist das Heft zum «Bekennen» bei weitem das umfangreichste. In
ihm wird die Zeit als «reif» erachtet, sich als Kirche neu auf das alte
Apostolicum zu besinnen: «Die Erfahrungen, die wir in der heutigen
Welt machen, zeigen uns, wie sehr das altkirchliche Bekenntnis zum
dreieinigen Gott auch für unsere gegenwärtige Situation noch aktuell
und hilfreich ist.» (SES 6,3). – Im ebenfalls 1987 erschienenen Ergeb-
nisband der «Zürcher Disputation 84» zeichnet sich im Themenbereich
«Glauben heute» die doppelte Forderung ab, einerseits dürfte «das alle
christlichen Kirchen verbindende apostolische Glaubensbekenntnis ...
in unserer Kirche nicht in Vergessenheit geraten», und andererseits
sollten «auch heutige, neu formulierte Glaubensbekenntnisse Verwendung finden» (Appell zur Bekenntnisfrage, Seite 34). – Ein entspre-
chendes Postulat der «Synodalkommission D 84» zur Verwendung von
«Bekenntnissen im Gottesdienst» ist hängig (Postulat 338, überwiesen
am 19.3.91). Um einiges entfernter, aber doch immer noch im gleichen
Feld bewegt sich das Postulat Martin Weibel mit seiner Forderung
nach einer «Broschüre über den christlichen Glauben» (Postulat 363,
überwiesen am 25.6.96).

9. Der *Kirchenrat* formuliert in seinen «Legislaturzielen 1996-2000» als
Ziel der «Kirche im Innern»: «Die Landeskirche versteht sich als Volkskirche im Sinne von Offenheit und Dienstbereitschaft. Zugleich sucht
sie Verbindlichkeit und setzt sich, wo nötig, vermehrt auch anwalt-
schaftlich ein.» (9) Volkskirche in der Dialektik von Offenheit und
Verbindlichkeit, Offenheit ohne Verwechslung mit Beliebigkeit und
Verbindlichkeit ohne Verwechslung mit Zwängerei, das sind Ziele, zu
deren Erreichen diese Vorlage einen Beitrag leisten möchte.

C. Bekenntnisfreiheit in unserer Zeit

Karl Barth wollte die reformierten Kirchen der Schweiz nicht «bekenntnisfrei» haben und mochte sie nicht «bekenntnislos» nennen, so be-
schrieb er sie als «bekenntnisschwach» (1935). Im folgenden sind einige
Gesichtspunkte dieser «Schwäche» aufgelistet:

1. Der Unterschied zwischen *Bekenntnisfreiheit und Bekenntnislosigkeit* ist nur einer rein intellektuellen Wahrnehmung zugänglich: Heute ist er nur noch einer verschwindend kleinen Minderheit der Gemeindeglieder bewusst. Auch der Inhalt des Artikels 4 der Kirchenordnung ist nur wenigen bekannt. Weder der feine Unterschied noch der Bekenntnisartikel werden im gottesdienstlichen Leben zur Sprache gebracht. Zudem ist der Artikel der Kirchenordnung auch nicht als liturgischer Grundlagentext für den Gottesdienst gedacht. Faktisch erlebt die grosse Mehrheit ihre Kirche als bekenntnislos.

2. Untersuchungen zur Bindungsfähigkeit der Kirchen und zur Austrittsbereitschaft von Kirchengliedern stellen die *Profilfrage:* Sie machen deutlich, dass «die Kirche» vielfach als profillos empfunden wird. Dass umgekehrt Austritte häufig gerade dann erfolgen, wenn die Kirche in irgendeiner Sachfrage evangelisches Profil gezeigt hat, steht dazu nur scheinbar in einem Widerspruch: Wenn sie nämlich in ihren eigenen Fundamentalfragen und damit im Normalfall ihrer «Kernbereiche» kaum Profil zeigt, dann muss es immer überraschen, wenn sie dies erst in Konsequenzbereichen tut, selbst wenn es theologisch völlig richtig ist. Wer dagegen immer schon «Gesicht gezeigt» hat, bleibt plausibel, auch wenn er Überraschendes oder gar Unbequemes sagt. Er kann sich in der Konsequenz aufs Fundament beziehen. Die Profilfrage ist eine Fundamentalfrage.

3. Untersuchungen zeigen ferner eindeutig, dass die *Erosion* in der kirchlichen Bindung der Mitglieder, im historischen Bewusstsein der eigenen Konfession und im sachlichen Wissen über das Reformiertsein weit fortgeschritten ist: Die Austrittstendenz hält an. Die Konfessionsgrenzen verwischen sich zunehmend. Christliches Grundwissen ist rückläufig. Angezeigt sind: gegenüber der Austrittstendenz eine Profilierung der Nähe als dem «Kernbereich» von Kirche, gegenüber der konfessionellen Diffusion eine selbstbewusste Wiederentdeckung der Wesensmerkmale reformierter Identität, gegenüber dem Wissensschwund eine Neubesinnung auf den kirchlichen Bildungsauftrag.

4. Alle Bekenntnistexte (auch der Inhalt von Art. 4 KO) sind aus der Notwendigkeit der *Identitätssicherung* entstanden: Die Frage kann nicht lauten, ob dafür Unterscheidungen notwendig sind, denn selbstverständlich sind sie solange notwendig, wie eigene Identität beansprucht wird. Zu fragen ist allerdings, welche Abgrenzungen dabei wichtig sind und wovon. Wenn es stimmt, dass heute von fünf regelmässigen Gottesdienstbesucherinnen und -besuchern vier ihre Glaubensinhalte ausser aus der Bibel auch noch aus ganz anderen Quellen beziehen (Sonderfallstudie), dann ist eine Unterscheidung im Gedankengut offensichtlich angezeigt. Wenn es stimmt, dass zunehmend die Neigung zur individuellen «Bricolage» an die Stelle institutioneller Verbundenheit tritt (Sonderfallstudie), dann ist offenbar eine Unterscheidung im Bereich der (religiösen) Lebensverbindlichkeiten ange-

sagt. Wenn die religionssoziologischen Erhebungen der Gegenwart stimmen, dann kommt heute der einst erstrittene Nutzen der Bekenntnisfreiheit gar nicht mehr zum Zug, denn die Verteidigung der individuellen Freiheit richtet sich (im reformierten Bereich) längst nicht mehr gegen autoritär-klerikale Zwänge, sondern gegen postmodern-indifferente Beliebigkeiten.

5. Die reformierte Zürcherkirche schert insofern aus dem *Reformierten Weltbund* aus, als sie eine der ganz wenigen reformierten Kirchen ohne verpflichtendes Bekenntnis ist, obwohl ihr Gebiet eines der Ursprungsgebiete der reformierten Tradition darstellt und ihr das Bewusstsein dieser Tradition mit Recht viel bedeutet. Sie stellt «eine ökumenische Singularität dar» (H.H. Schmid 108): Selbstverständlich können sich die Brennpunkte von Traditionen historisch verlagern. Dennoch stellt sich die Frage, ob es nicht zuerst im eigenen Interesse der Zürcherkirche, dann aber auch im Interesse der weltweiten reformierten Verbundenheit an der Zeit wäre, einen bewussten Beitrag zur «reformierten Identität» zu liefern, nicht im Sinne des verordnenden Setzens von Identität, was nicht möglich wäre, sondern des Ermöglichens von identitätsbildenden Prozessen, die mittelfristig Erkennbarkeit, Profilierung, Verbundenheit, Bewusstheit und damit Identität erbrächten, und zwar diesmal sowohl auf der kommunitären Ebene «der» Kirche als auch auf der individuellen Ebene «des» Einzelnen.

D. Die Ziele des Projekts Bekenntnis

Es kann und soll nicht darum gehen, den Freiheitsgewinn in Frage zu stellen, den der Liberalismus des 19. Jahrhunderts als individuelle Glaubensfreiheit gegenüber klerikalen Glaubensvorschriften zu Recht erstritten hat. Es soll aber um Freiheit in Korrelation zu Verbindlichkeit gehen, um freiheitliches Bekennen anstelle von religiöser Beliebigkeit. – Ebensowenig soll heute dort angeknüpft werden, wo 1868 ein Abbruch der Tradition beschlossen wurde. Vielmehr muss es darum gehen, einen Umgang mit dem durch die Tradition Gegebenen zu ermöglichen, der den Zugewinn an individueller Freiheit sinnvoll sichert, bewusst einschliesst und konziliar fruchtbar macht. Anstelle des alten Entweder-Oder soll ein reformiertes Neues treten. – In diesem Sinn verfolgt das «Projekt Bekenntnis» die folgenden Ziele:

1. Das *Bekennen* als gottesdienstliche Handlung des Glaubens und damit auch als öffentliche Manifestierung der Gemeinschaft der Glaubenden wird in der Evangelisch-Reformierten Landeskirche des Kantons Zürich (wieder) eingeführt. Es bleibt nicht rein fakultativ, sondern gewinnt einen obligatorischen Kern.

2. Die *Einführung* geschieht auf reformiertem Wege. Gemeindeglieder und verantwortliche Behörden werden prozesshaft beteiligt.

3. Ein *Prozess* des Nachdenkens über den reformierten Glauben wird eröffnet. Dieser Prozess führt mittelfristig zu einer Änderung der Kirchenordnung im Artikel 46. Vorgeschlagen ist als neuer vierter Teilabschnitt folgender Text: «Mindestens einmal im Monat (Taufe, Abendmahl) sowie an allen kirchlichen Feiertagen wird das im Gesangbuch enthaltene und unveränderliche Apostolische Glaubensbekenntnis liturgisch rezitiert. Die Gemeinde ist antwortend beteiligt mit einer jede Aussage des Bekenntnisses auslegenden und veränderlichen Antwort (Paraphrase). Beide Teile zusammen bilden das Bekenntnis.»

4. Der langfristige *Gebrauch* entspricht reformierter Wesensart, indem die Paraphrase des Apostolicums von einer Gruppe der Kirchgemeinde verändert oder neu formuliert werden kann.

5. Für das *Symboljahr 2000* nach Christi Geburt ist dies der eigene Beitrag der Evangelisch-Reformierten Landeskirche des Kantons Zürich. Er ist gemeindeorientiert, nachhaltig und kostenfrei.

6. Der Beitrag ist ein fundamentaltheologisches Element zur Stärkung des Bewusstseins einer zugleich traditionsbewussten (Apostolicum) und freiheitlichen (Paraphrase) *reformierten Identität.*

E. Die zweiteilige Projektidee

Grundlegend für die Idee ist ihre Zweiteiligkeit: Mit dem alten Text (Apostolicum) entsteht ein neuer Text (Paraphrase), und erst beide zusammen verdienen die Bezeichnung «Bekenntnis». Ohne diese dialektische Pointe gingen das wesentlich Reformierte, der Freiheitsgewinn der Moderne, das Eigeninteresse des Individuums am Bekenntnis und die volkskirchliche Dialektik aus Verbindlichkeit und Offenheit verloren:

1. Die Idee des Projekts steht und fällt damit, dass *das ganze Bekenntnis aus zwei Teilen* bestehen soll: erstens aus dem Apostolicum als historisch gegebenem und unveränderlichem Text der Tradition und zweitens aus der Bekenntnisparaphrase als zeitbedingt antwortendem und veränderbarem Text der Gegenwart. Ebenso steht und fällt das Projekt damit, dass beide Teile des Bekenntnisses zugleich, aber von verschiedenen liturgischen Akteuren gesprochen werden: das Apostolicum vorsprechend von einer Einzelperson (dem Liturg oder der Liturgin), die Paraphrase antwortend von der Gemeinde (dem responsorischen Chor). Erst beide Teile zusammen und beide Teile nur in der gottesdienstlichen Liturgie bilden das ganze Bekenntnis. – Allein das Apostolicum wieder einführen zu wollen, wäre ein restaurativer «Griff in die Mottenkiste», ein undenkbarer Akt der Entmündigung und gewiss ohne Bedeutung für Menschen der Gegenwart. Und allein die Bekenntnisparaphrase zu fordern, hiesse, «eine offene Tür einzurennen», wäre eine Aufforderung zum längst Vorhandenen und somit überflüssig angesichts der weithin wirkungslosen Fülle moderner Bekenntnisformulierungen.

2. Als erster Teil des Bekenntnisses wird das *Apostolicum* vorgeschlagen: Dafür sprechen

- das Alter: Es ist aus dem «Romanum» hervorgegangen, das bei der (mehrjährigen) Taufvorbereitung und der Taufe Verwendung fand. So ist es zwar auf dem Weg des Christentums zur anerkannten Religion, aber (vermutlich noch) vor seiner Ausrufung zur Staatsreligion (381) entstanden. Der Grundbestand des «Apostolicums» stammt damit aus «vorkonstantinischer» Zeit, und gerade unsere Zeit, die man, gemessen an der viele Jahrhunderte gültigen Vorstellung vom christlichen Erdkreis, als «nachkonstantinisch» bezeichnen kann, hat mit ihrer Multireligiosität und Multikulturalität in vieler Hinsicht Ähnlichkeiten mit der (hellenistisch-spätantiken) Entstehungszeit dieses alten Bekenntnisses.

- der Bezug: Mit jedem Satz bezieht sich das Apostolicum direkt auf die Bibel. Im Unterschied zu anderen grossen Bekenntnissen, die auch sehr deutlich in der Auseinandersetzung mit der spätantiken Philosophie entstanden sind, überwiegt beim Apostolicum die Korrespondenz mit dem biblischen Wort. Dieser Sachverhalt verträgt sich gut mit dem reformatorischen «allein durch das Wort» (solo verbo).

- der Entstehungsraum: Dieses Bekenntnis ist «ausschliesslich im gottesdienstlichen Umgang mit der Bibel entstanden» (Leuenberger 10). Anders als die grossen Bekenntnisse (etwa das Nicaeno-Constantinopolitanum) ist es nicht aus dem theologisch-philosophischen Disput von Theologen an Konzilien hervorgegangen und auch nicht, jedenfalls nicht erkennbar, mit blutigen Glaubenskriegen verbunden.

- der Stil: Aus den Tauffragen und den sogenannten «interrogatorischen Bekenntnissen» entstanden, eignet dem Apostolicum ein nüchterner Stil ohne poetische oder hymnische Elemente. Es ist daher gesprochenes und im Unterschied zu anderen Bekenntnissen nicht (eigentlich) singbares Wort. Seine Schlichtheit und Sachlichkeit trifft sich gut mit der Zurückhaltung der Zürcher Liturgie.

- die Wirkung: Das Apostolicum ist das volkstümlichste der altkirchlichen Bekenntnisse. Die trinitarisch-dreigliedrige Grundstruktur vermittelt einfache Orientierung. Der Text ist problemlos in Zeilen zu gliedern. Insgesamt ist er prägnant und von überschaubarer Länge.

- der katechetische Gebrauch: Die reformatorischen Kirchen haben das Apostolicum in ihre Bekenntnisschriften aufgenommen. Für Luther gehörte es neben dem Dekalog (AT) und dem Unservater (NT) zum Grundbestand der den Glauben kurz und präzis fassenden Traditionstexte. Calvin nahm es über die Katechetik hinaus auch als Grundlage für den höheren theologischen Unterricht. Wie für seine

«Institutio» ist es auch für Karl Barths «Dogmatik im Grundriss» zum Leitfaden geworden.

– der liturgische Gebrauch: Nach der Reformation waren es nicht nur die lutherischen sondern mehr noch die reformierten Kirchen, die das Apostolicum in der gottesdienstlichen Liturgie verwendeten, entweder nach der Predigt oder vor den Einsetzungsworten zum Abendmahl.

– die Gesangbuchreform: Im «Gesangbuch der Evangelisch-Reformierten Kirchen der deutschsprachigen Schweiz» von 1952 fehlt das Bekenntnis. Im neuen Gesangbuch von 1998 ist das Apostolicum aufgenommen (RG 263). Es wird damit wie die Bekenntnislieder der liturgischen Verwendung zugeführt.

– der ökumenische Charakter: Schon die Reformatoren wollten mit der Aufnahme des Apostolicums ihren Willen zur Kontinuität mit der altkirchlichen Tradition deutlich machen. Heute ist es ebenfalls im neuen katholischen Gesangbuch zu finden. Und da die reformierte Gesangbuchreform von allen Reformierten Kirchen der deutschsprachigen Schweiz getragen wird, steht die liturgische Verwendung des Apostolicums im Einklang mit der Ökumene. Sie könnte weder als antikatholischer Akt noch als Zürcher Alleingang interpretiert werden.

3. Der durchaus verständliche *Einwand*, mit dem Apostolicum komme ein Text in den Gottesdienst, der einem längst vergangenen Weltbild entstamme und dazu einige gedanklich schwer verträgliche Aussagen enthalte, kann nicht entkräftet werden, sondern muss hermeneutisch fruchtbar gemacht werden: Weil der Einwand genauso für jeden Bibeltext und für (fast) jedes Gesangbuchlied gilt, unterstützt er geradezu das Anliegen des Projekts, dass erst beide Teile zusammen, das rezitierte Apostolicum *und* seine paraphrasierende Auslegung, das ganze Bekenntnis ausmachen.

4. Als zweiter und integraler Teil des Bekenntnisses wird eine *Paraphrase des Apostolicums* vorgeschlagen. In reformierter Tradition gab bzw. gibt es «das Gebet des Herrn in Paraphrase» (Weber 153), gesprochen von der Gemeinde. Daran knüpft der Vorschlag an. Als Anforderungen an diese Paraphrase (des Apostolicums) gelten:

– eine reformierte Entstehung: Die Paraphrase soll nicht der Text einer Einzelperson sein, die sich damit einen Namen macht, sondern aus der Auseinandersetzung einer Gruppe mit dem gegebenen Apostolicum entstehen. Wie Bibelübersetzung und Gesangbucherstellung ist die Paraphrase das Gemeinschaftswerk mündig werdender Christinnen und Christen. Ob Mitarbeiterkonvent, Kirchenpflege, Hauskreis, Erwachsenenbildungskurs oder eine andere Gruppe der Gemeinde, die Paraphrase entsteht nicht durch Verordnung, sondern im Diskurs der Glaubenden.

- eine hermeneutische Auseinandersetzung: Es kann nicht darum gehen, schwierigen Formulierungen des Apostolicums auszuweichen, indem man sie streicht oder ersetzt (Substitutionsprinzip), sondern muss darum gehen, sich mit ihnen so auseinanderzusetzen, dass man sie heute verantworten kann (Interpretationsprinzip).

- eine kontextuelle Entstehung: «Die reformierten Kirchen verstehen ihre Bekenntnisse aktuell und kontextuell als Antworten des Glaubens auf Herausforderungen der Geschichte. Das Wort Gottes und der Kairos seiner Verkündigung gehören zusammen. Es entstehen in der Geschichte ferner immer wieder Situationen, in denen politische Entscheidungen zu Entscheidungen für oder gegen Christus, für oder gegen das Reich Gottes werden. Ist ein solcher status confessionis gegeben, dann muss die Gemeinde nach einer gemeinsamen Bekenntnisantwort suchen, um öffentlich zu sagen, was ihr in jener Stunde aufgetragen ist.» (Moltmann in Welker 160)

- eine eingeschränkte Gültigkeit: Die Paraphrase kann weder überall noch immer gelten, sondern ist ein räumlich und zeitlich bedingter Text, der ersetzbar bleibt. Mit Sicherheit werden andere Generationen, Erfahrungshorizonte, Lebenskontexte oder Anlässe nach veränderten Paraphrasen rufen. Die Paraphrase ist Ausdruck des zeitbedingten Verstehens. Dies entspricht der besonderen reformierten Tradition, denn dort entstehen Bekenntnistexte seit jeher «aus einer bestimmten Situation und sind an diesen Kontext gebunden. Zeitlich geht es um die jeweils jetzt zu gebende Antwort auf die aktuelle Herausforderung an den christlichen Glauben. So kommt es zu einer Relativierung des einzelnen Bekenntnisses, die Karl Barth so umrissen hat: ‹Wir, hier, jetzt - bekennen dies.›» (H.-G. Link 51)

- eine zeitbedingte Sprache: Die Paraphrase soll der Forderung Dietrich Bonhoeffers nach einer «nichtreligiösen Interpretation» biblischer und dogmatischer Sprache entsprechen. Lebenserfahrung und Glaubenserfahrung finden in ihr zu existentieller und individueller Nähe. Sprachlich kommt zum Ausdruck, inwiefern das, was die Zeile des Apostolicums sagt, uns Heutige unbedingt angeht.

5. Der denkbare Einwand, es würde mit der Zeit eine Fülle unterschiedlicher und sich in einzelnen Formulierungen vielleicht sogar widersprechender Paraphrasen entstehen, braucht kaum eine Entgegnung: Entweder denken Menschen schon gar nicht mehr über Glaubensfragen nach, oder es macht sich jeder seinen eigenen, aber völlig privaten «Reim» auf Aussagen der Tradition. Allein schon die Möglichkeit, im Gespräch mit anderen über Glaubensfragen nachzudenken und die eigene Stimme einbringen zu können, ist da ein Gewinn gegenüber der totalen Privatisierung des Religiösen. Und ein «freundlicher Wettbewerb» im Erarbeiten von Paraphrasen kann der Lebendigkeit der Gemeinden wie der Kirche nur förderlich sein. - Lediglich für den

Beginn der neuen Regelung wird eine Paraphrase vorliegen, erarbeitet von der Arbeitsgruppe «Reformierte Identität».

Literatur

Karl Barth, Dogmatik im Grundriss; tvz, Zürich, 1987 (7. Auflage).

Alfred Dubach / Roland J. Campiche (ed.), Jede(r) ein Sonderfall? Religion in der Schweiz; NZN/Reinhardt, Zürich/Basel, 1993.

Evangelisch-Reformierte Landeskirche des Kantons Zürich (ed.), Zürcher Disputation 84: Ergebnisse; tvz, Zürich, 1987.

Robert Leuenberger, Glauben. Das Apostolische Bekenntnis verstehen; tvz, Zürich, 1993.

Christian Link, Zum Thema «Reformierte Identität». Referat während der Theologischen Tagung des Reformierten Bundes in Berlin 1993; in: Reformierte Kirchenzeitung, 1993; Seiten 344-350.

Hans-Georg Link, Bekennen und Bekenntnis (Bensheimer Hefte 86); Vandenhoeck, Göttingen, 1998.

Gotthard Schmid, Die Evangelisch-Reformierte Landeskirche des Kantons Zürich; Schulthess, Zürich, 1954.

Hans Heinrich Schmid, Umbau der Kirche (151. Neujahrsblatt der Gelehrten Gesellschaft in Zürich); Beer, Zürich, 1988.

Schweizerische Evangelische Synode (ed.), Schlussdokumente; Reinhardt, Basel, 1987.

Otto Weber, Was heisst heute «reformiert»?; in: Die Treue Gottes in der Geschichte. Gesammelte Aufsätze II; Neukirchener Verlag, Neukirchen-Vluyn, 1968; Seiten 147-161.

Michael Welker / David Willis (eds.), Zur Zukunft der Reformierten Theologie. Aufgaben, Themen, Traditionen; Neukirchener Verlag, Neukirchen-Vluyn, 1998.

Kommentare

Ein Wagnis der Kirche Jesu Christi

Robert Leuenberger

Das vom Kirchenrat vorgelegte «Projekt Bekenntnis» bringt die religiöse Situation der reformierten Kirchen der Schweiz mit der wünschenswerten Eindeutigkeit zur Sprache, und damit auch deren Ausnahmesituation innerhalb der christlichen Oekumene. Wie die Antwort der Adressaten auf die im Projekt vorgeschlagenen Massnahmen ausfallen wird, ist allerdings ungewiss. Sollten aber die vorgeschlagenen Wege tatsächlich beschritten werden, könnte dies für die Kirche weittragende Folgen haben, und dies nicht nur für ihre Gottesdienste, sondern für deren Leben überhaupt, nicht zuletzt für den Stellenwert, welcher der Kirche im öffentlichen Leben zukommt.

Im genannten Projekt wird u.a. auf die sogenannte «Sonderfallstudie» und deren soziologische Feststellung aufmerksam gemacht:

> «Wenn ... Erhebungen der Gegenwart stimmen, dann kommt heute der einst erstrittene Nutzen der Bekenntnisfreiheit gar nicht mehr zum Zuge, denn die Verteidigung der individuellen Freiheit richtet sich (im reformierten Bereich) längst nicht mehr gegen autoritär-klerikale Zwänge, sondern gegen postmodern-indifferente Beliebigkeiten.»

Nun teilt zwar die Kirche die Gefahren eines Identitäts- und Profilverlustes mit vielen anderen Institutionen des öffentlichen Lebens von heute, doch nur für wenige von ihnen sind die Folgen so schwerwiegend wie für die Kirchen, die evangelisch-reformierte vor allem. Wenn diese nämlich ihrer selbst, d.h. als der nach dem Evangelium reformierten Kirche, nicht mehr sicher ist und damit ihr Gesicht und ihre Stimme in der Öffentlichkeit immer mehr an Klarheit und christlicher Eindeutigkeit einbüssen sollte, dann müsste dies auf die Dauer ihren inneren und äusseren Zerfall zur Folge haben, und an ihre Stelle träten dann religiöse Gemeinschaften, die ihrer Sache sicherer sind als sie. Auch eine Volkskirche nämlich, und gerade sie, muss etwas anderes sein und darstellen als ein Spiegelbild des Volkes, denn auch als Volkskirche ist sie nicht die Kirche des Volkes, sondern die Kirche Jesu Christi, die dem Volke offen steht, soweit sich dieses zu Gott bekennt. Genau um diese Unterscheidung geht es bei dem genannten Projekt.

Nun ist freilich nicht zu bestreiten, dass Begriffe wie «Bekenntnis», «Credo» u.a. namentlich in unserem Land belastet sind und sowohl aus sachlichen, mehr noch aus emotionalen Gründen, auf Widerstand zu stossen pflegen. Ihnen haftet nun einmal der Geruch einer gewissen Aus-

schliesslichkeit und orthodoxen Intoleranz an, und das heisst eines innerkirchlichen Machtanspruchs. Im vorliegenden Projekt wird dieser Tatsache denn auch Rechnung getragen. Dem «Apostolikum» gegenüber müsste notwendig die Stimme der ganzen, heute lebenden Gemeinde laut werden, und damit der gegenwärtigen Welt mit ihren heutigen Erfahrungen,
Ängsten, Hoffnungen und ihren inneren Widersprüchen, auch mit ihren
kritischen Fragen an die Kirche und das ganze heutige Christentum.
Zwar ist vorgesehen, dass auch diese Stimme nicht ohne Bezug zum
«Apostolikum» laut werden sollte, samt den Spannungen, welche zwischen ihm und der Sprache, und damit der Weltvorstellung unserer modernen Zeit besteht: Spannungen, die ja ebenso bestehen zwischen der
Welt von heute zu der Welt, in welcher die Bibel geschrieben wurde –
und nicht nur die Bibel, sondern auch ein grosser Teil der Kirchenlieder
und der gesamten Liturgie unserer Gottesdienste. Die Frage, wie sich dies
alles «übersetzen» und modernisieren lässt, ohne dass damit der Gehalt
der christlichen Botschaft preisgegeben würde, besteht allerdings nicht
erst heute, sondern bestand schon zu der Zeit, da das Neue Testament
neben das sogenannte Alte Testament getreten ist, mit seiner eigenen –
griechischen statt hebräischen – Sprache, mit seinen neuen Gebeten und
Bekenntnissen. Die Bibel selbst ist es, welche die Wandlungen vom «Alten» zum «Neuen» in sich selbst vollzieht, ohne dass darüber das «Alte»
verloren gegangen wäre – im Gegenteil: Es kam zu einem neuen Leben
und blieb dadurch nicht nur der Kirche, sondern der ganzen Welt als ein
unvergleichliches Dokument menschlicher Kultur erhalten.

Doch gerade im Blick auf frühere Erfahrungen ist zuzugeben, dass es
sich bei dem «Projekt» jedenfalls um ein Wagnis handelt, das, falls es tatsächlich gewagt werden sollte, durch viele Erfahrungen hindurch stets
neu geprüft und ohne Zweifel auch verändert werden müsste. Wäre aber
eine Ablehnung des Projekts ohne Gegenvorschläge nicht ein noch grösseres Risiko? Jedes Wagnis bedeutet ja nicht zuletzt das Vertrauen, das
man in eine angebotene Freiheit hat. Ohne dass sie etwas wagt, müsste
die Kirche ihre wahre Freiheit verlieren, nämlich die des Evangeliums.
Ein Bekenntnis nun wie das sogenannte «Apostolikum» darf man als ein
frühes gottesdienstliches Beispiel dafür bezeichnen, wie sich die Christen
sowohl zu ihrer «religiösen» wie zu ihrer «gesellschaftlichen» Mitwelt im
«Ja» und im «Nein» verhalten haben: «Ich glaube an Gott den Vater, den
Allmächtigen, Schöpfer Himmels und der Erde ...» Und doch wussten die
Christen der ersten Jahrhunderte, dass es viele «Götter» und viele
«Mächte» gab, über deren Gegenwart und Einfluss sie nichts vermochten.
Wer wagt es, die Götter und Mächte unserer gegenwärtigen Welt beim
Namen zu nennen und sich gegen sie zu bekennen? Dies zu tun aber ge-
hörte zur Aufgabe und Pflicht einer christlichen Gemeinde, die Antwort
gibt auf das Bekenntnis der alten Kirche: «Ich glaube an Jesus Christus ...
unsern Herrn ... an den heiligen Geist, eine ... christliche Kirche ...» usf.
Dies sind allesamt ebenso eindeutige wie offene Bekenntnisworte, welche
immer wieder neu befragt, erläutert und von neuem befragt werden müs-

sen, und dies gewiss nicht nur von theologischen Fachleuten, sondern vom ganzen Volk der sogenannten Laien – eben das, was in der Antwort der Gemeinde auf das «Apostolikum» geschehen müsste.

Unsere Kirche nennt sich die «Evanglisch-reformierte». Nimmt man diese beiden Worte ernst, entdeckt man, dass sie in sich selbst nichts anderes sind als das Grundbekenntnis der Kirche überhaupt. «Re-formation» heisst auf deutsch: «Rück-bildung», nämlich der Kirche auf ihren Ursprung hin, das Evangelium von Jesus Christus, dem «Herrn». Weder darf deshalb aus der Bezeichnung der evangelisch-reformierten Kirche das Wort «evangelisch» gestrichen, noch aus den liturgischen Gebeten das Wort «Herr» durch ein anderes ersetzt werden, denn im Wort «Kirche» verbirgt sich das griechische Wort «Kyrios»: Die Kirche ist die im Kyrios (Herrn) vereinigte Gemeinschaft der Glaubenden. Die Reformation also drängte zurück zum Ursprung der christlichen Kirche. Und das Wunder geschah: Indem sie sich dem vermeintlich Vergangenen zuwandte, entdeckte sie im Vergangenen ihre Zukunft, und es gelang ihr, die Kirche und mit ihr die ganze damalige Welt von Grund auf zu verändern. Sich mitten in der Welt, in der man lebt, zum Ursprung der Kirche bekennen, dies ist schöpferisch, denn es hat etwas zu tun mit dem Heiligen Geist.

Kirche mit Profil

Ernst Sommer

Während meinen langjährigen nebenamtlichen Tätigkeiten für die reformierte Landeskirche hat mich der mehr als hundert Jahre alte Status der sogenannten «Bekenntnisfreiheit» immer wieder beschäftigt.
Einerseits ist mir die Idee einer offenen Volkskirche für alle ans Herz gewachsen, andererseits treiben mich aber auch Fragen um wie:

- Kann denn eine Kirche überhaupt «bekenntnisfrei» sein? Ist Bekenntnisfreiheit und Kirche nicht ein Widerspruch in sich selbst?

- Wie kann eine «bekenntnisfreie» Kirche ihrer halben Million Mitglieder zur geistigen und geistlichen Heimat werden?

- Fördert die Bekenntnisfreiheit nicht geradezu eine gewisse Unverbindlichkeit des Dazugehörens und damit verbunden vielleicht auch das verbreitete Halb-, Viertels- und Garnichtswissen im Bereich der Bibelkenntnis und der christlichen Glaubenslehre?

- Ist es ursächlich die Bekenntnisfreiheit, die dazu führt, dass heute von der Gefahr einer «Kirche als Selbstbedienungsladen» (F. Stolz) oder einer «komfortablen Panreligiosität» in der Kirche (G. Schmid) gesprochen wird?

Mit solchen Fragen bin ich insgeheim zum Befürworter der Wiedereinführung eines verbindlichen Glaubensbekenntnisses für unsere Landeskirche geworden, und zwar in der vollen Überzeugung, dass diese danach ihre besondere Rolle als Volkskirche trotzdem weiterhin wahrnehmen könnte. So bin ich natürlich glücklich darüber, dass man an kirchlich und theologisch massgeblicher Stelle beginnt, sich zu diesem Thema Gedanken zu machen. Ich freue mich ziemlich ungetrübt am Projekt «Bekenntnis» und nehme im folgenden kurz Stellung in drei verschiedenen Aspekten.

1. Das Gesicht der Kirche

Ohne Glaubensbekenntnis fehlen einer Kirche klare Konturen, ihr Gesicht ist nur noch wie im Nebel wahrnehmbar: Wenn in der theologischen Vielfalt ein roter Faden fehlt, wird die Verunsicherung in Glaubensfragen gefördert. Ich bin überzeugt, dass es immer wieder Mitglieder unserer Landeskirche gibt, die schlussendlich austreten, weil sie keinen religiösen Halt mehr spüren. Die Offenheit ist für sie unverbindlich geworden. Halt finden sie dann in einer freien christlichen Gemeinschaft oder – und das stimmt mich nicht gerade glücklich – in einer Sekte irgendwelcher Prägung. Dort laufen sie bekanntlich Gefahr, aus anfänglicher Geborgenheit in eine verhängnisvolle Abhängigkeit zu geraten.

Ich meine nicht, dass die Landeskirche inskünftig von ihren Mitgliedern ein Glaubensbekenntnis abverlangen müsste. Sie soll als Volkskirche offen bleiben für alle und weiterhin das persönliche Mündigwerden in Glaubensfragen pflegen und fördern. Als Gemeinde Christi benötigt sie aber ein verbindliches Bekenntnis als Leitlinie für ihre Botschaft, so dass ihr Gesicht eben wieder klare Konturen bekommt. Sie beschäftigt sich zwar seit einiger Zeit mit diesen Konturen, aber «Ihre Kirche» darf ihr Erscheinungsbild nicht auf Äusserlichkeiten wie den Briefkopf mit einer einheitlichen blauen Markierung beschränken.

2. Apostolikum und Paraphrase

Ich freue mich darüber, dass das alte Apostolikum als erster Teil des Bekenntnisses wieder hervorgeholt wird. Alle anderen Formulierungsversuche verblassen ob der grossartigen Einfachheit dieses Textes. Ich könnte damit allein, ohne zweiten Teil, leben. Es ist aber schon sinnvoll, dass er am Anfang des zweiten Jahrtausends für die moderne oder schon postmoderne Gemeinde mit zeitgemässen Glaubensaussagen ergänzt wird.

Allerdings müssten diese als Gemeinschaftswerk in verschiedenen Gruppen entstehenden Paraphrasen theologisch sehr sorgfältig formuliert werden, bevor sie dann von der ganzen Gemeinde als verbindlicher Teil des Bekenntnisses gesprochen werden. Auch dann, wenn es sich um «räumlich und zeitlich bedingte, ersetzbare» Aussagen handelt. Wer überprüft diese Texte? Nicht ganz der im Projekt erwähnten reformierten Tradition entsprechend, dafür eindeutiger und von grösserer Akzeptanz für die ganze Gemeinde wäre es vielleicht, wenn die Gemeindeglieder das alte Apostolikum sprächen und die Verfasser der Paraphrasen allein ihre für sie besonders aktuellen Glaubensaussagen. Bei diesem Vorgehen käme meines Erachtens auch einmal eine Paraphrase einer Einzelperson im Sinne einer persönlichen Aussage in Betracht.

3. Ein Liturgie-Element

Die Einführung des gesprochenen Glaubensbekenntnisses wäre ein weiteres Element zur Belebung der Liturgie. Die Gottesdienste unserer Landeskirche leiden noch heute an der seinerzeit durch Zwingli verfügten radikalen Abschaffung der liturgischen Mitwirkung der Gemeinde. Sind wir denn wirklich noch die nüchternen Reformierten, die in der Kirche am liebsten schweigen und zuhören? Natürlich soll die Bibeltextauslegung das Zentrum bleiben. Nicht umsonst hat wohl bereits der Apostel Paulus gespürt und dann aufgeschrieben, dass der Glaube vom Hören kommt (Rö 10,14).

Aber das übrige gottesdienstliche Geschehen, das Loben, Bekennen, Bitten und Segnen dürfte nicht ausschliesslich vor, sondern auch in und mit der Gemeinde geschehen.

Der Prozess einer Reaktivierung der Teilnehmerinnen und Teilnehmer am Gottesdienst hat zwar schon relativ bald nach der Reformation mit dem gemeinsamen Singen von Chorälen und geistlichen Liedern begonnen. Singen und kirchenmusikalische Darbietungen haben bei uns also Tradition und stehen auf beachtlichem Niveau. Verschiedene Versuche in der jüngsten Zeit, das Liturgische zu beleben, kommen bei unserem Kirchenvolk recht gut an wie z.B. das gesungene *Kyrie eleison* oder das mitgesprochene Psalmengebet. Fester und nicht mehr wegzudenkender Gottesdienstbestandteil ist seit etwa zwanzig Jahren das gemeinsam gesprochene Unservater geworden.

Auf keinen Fall aber kann das Unservater das Glaubensbekenntnis ersetzen, wie da und dort argumentiert wird; denn im Gebet wird Gott angerufen, während das Bekenntnis sich an die Welt richtet. Ich denke, dass sich das Glaubensbekenntnis problemlos in das sparsame Liturgiegeschehen unserer Gottesdienste eingliedern liesse.

Fazit dieser drei Erwägungen: Die Einführung des Glaubensbekenntnisses im Gottesdienst beschert unserer Landeskirche ein klareres, eindeutigeres Erscheinungsbild, mehr Verbindlichkeit und ein weiteres Liturgie-Element. Die versuchsweise Erprobung des Projektes in ausgewählten Kirchgemeinden ist ein in unserem Lande bewährter Weg, Neuerungen bekannt zu machen und zu realisieren. Ich wünsche dem Kirchenrat und der Synode Mut zu einem notwendigen Schritt.

Dreizehn Gedanken zum «Projekt Bekenntnis»

Ulrich Knellwolf

1. Eine Kirche ohne formuliertes Bekenntnis ist selbstvergessen, weil sie ihre vornehmste Aufgabe, den Zuspruch des Evangeliums an die ganze Welt, nicht gezielt wahrnimmt, sondern dem Zufall überlässt.

2. Eine Kirche ohne formuliertes Bekenntnis steht deshalb in der Gefahr, eine *ecclesia incurvata in seipsam*, eine nur auf sich selbst bezogene und mit sich selbst beschäftigte Kirche, also keine, zu sein.

3. Eine Kirche ohne formuliertes Bekenntnis steht auch in der Gefahr, dass allerlei Unausgesprochenes, Unverantwortetes für sie Bekenntnischarakter bekommt.

4. Eine Kirche ohne formuliertes Bekenntnis entzieht sich der Pflicht, als Zusprecherin des Evangeliums Schriftinterpretin zu sein. Sie ist von der Gefahr bedroht, die Klarheit der Schrift ausserhalb des Glaubens zu suchen und die Umstrittenheit der Schrift im Glauben statt umgekehrt.

5. Eine Kirche ohne formuliertes Bekenntnis gibt ihren Gliedern keine Anleitung zum eigenen Bekennen an die Hand. Sie droht so ihre Glieder sprachlos, unmündig, zu machen, ein Sprachmonopol der theologischen Kaste zu errichten und also die von der Reformation bekämpfte Zweiteilung der Gemeinde in Priester und Laien durch die Hintertür wieder einzuführen.

6. Im Akt des Bekennens berufen sich verschiedene Zeiten aufeinander und durchdringen einander. Es gibt kein Bekennen ohne Berufung auf die Väter (und Mütter), das heisst auf die Schrift und auf unserem Bekennen vorangegangene Bekenntnisse.

7. Dabei stellt sich die Frage, in welchem Grad und auf welche Weise Schrift und frühere Bekenntnisse verpflichtend sind. Es stellt sich eine Schrift und Bekenntnisse umfassende Kanonfrage.

8. «Kanon» kann nicht heissen, dass ein theologischer Stacheldraht im Sinn eines *noli me tangere* um Schrift und alte Bekenntnisse herum gezogen ist. Sonst dürften sie nicht einmal aus ihrer jeweiligen Grundsprache übersetzt werden. «Kanon» kann nur heissen, dass diese Texte allen zur Verfügung stehen - sich in christologischem Verständnis von Autorität in aller Hände ausliefern und sich brauchen und verbrauchen lassen - und sich so als Autorität zu erkennen

geben. Also rufen Schrift und alte Bekenntnisse geradezu nach Interpretation, Nacherzählung, Spielformen und so weiter.

9. Es ist wichtig, zu merken, dass sich narrative Formen für solches Brauchen und Verbrauchen besser eignen als argumentative. Deshalb ist dem stärker narrativen Apostolicum vor den weniger narrativen späteren Bekenntnissen für den Gemeindegebrauch der Vorzug zu geben, und innerhalb seiner der narrativen Partie. Auf sie ist in antwortenden Variationen, Spielarten etc. insbesondere abzuheben. Es muss also hermeneutisch berücksichtigt werden, dass Erzählung analoge Erzählung provoziert, dass Erzählung durch Erzählung angemessener interpretiert ist als durch Argumentation, und dass Erzählung nie das abschliessende Wort sein will, sondern die Weiterführung eines Zusammenhangs.

10. Indem wir das berücksichtigen, werden wir der Tatsache gerecht, dass wir als Kirche unsern Gott letztlich nur durch die Erzählung einer irdischen Geschichte bekennen können.

11. Wird das unter 8, 9 und 10 Angeführte beachtet, ist ein Bekenntnis kein kirchenpolitisches Disziplinierungsinstrument, was die Bekenntnisse leider in einer mit der Konstantinischen Wende einsetzenden Fehlentwicklung wurden. Vielmehr steht das Bekenntnis im Dienst der Glaubens-Mündigkeit, also der Sprachfähigkeit der Christinnen und Christen, und begründet so einen vielstimmigen Chor.

12. Die im «Projekt Bekenntnis» vorgesehene Antwort der Gemeinde auf das Apostolicum ist die exemplarische Reaktion auf das alte Bekenntnis und durch es auf die Schrift. Sie verflüssigt sozusagen Schrift und Apostolicum in die jeweilige Zeit.

13. Sie ist exemplarische Reaktion insofern, als sie das einzelne Gemeindeglied anleiten will, seinerseits, in Verantwortung gegenüber Schrift und Bekenntnissen, in seine jeweilige Situation hinein bekennend zu reden.

Ein Bekenntnis schafft keine Identität

Sieglinde Geisel

Seit vier Jahren lebe ich in einem Land, in dem man mit informellen Bekenntnissen aller Art schnell zur Hand ist. Der amerikanische Präsident zum Beispiel gibt seinen Glauben an Gott gern per Mikrophon bekannt. Seine Schuldbekenntnisse in Sachen Monica Lewinsky wären ohne den Verweis auf Gott undenkbar gewesen; er setzte die Öffentlichkeit auch umgehend davon in Kenntnis, dass er um geistlichen Beistand gebeten habe, um dem Pfad der Sünde künftig fernzubleiben. Vor ein paar Jahren hatte der Ehebrecher und Fernsehprediger Jimmy Swaggart sein Mea Culpa in einer ähnlichen Lage ebenfalls tränenreich und öffentlich ausgesprochen – die süffisanten Vergleiche blieben nun nicht aus.

Ausgerechnet in Amerika, wo sich 90% der Bevölkerung zum Glauben an Gott bekennen und mehr als die Hälfte in Umfragen angeben, jeden Tag mindestens einmal zu beten, ist das Bekenntnis zu einem Akt des politischen Manövrierens verkommen. Wenn der Akt des Bekennens jedoch seine Integrität verliert, dann wird er hinfällig, denn er ist ja nichts anderes als eine Versicherung. Der Sprechakt des Bekenntnisses ist mir allerdings nicht erst in Amerika suspekt geworden. Wenn ich ehrlich bin, kann ich mich an kaum eine Form des religiösen Bekenntnisses erinnern, die mir nicht peinlich gewesen wäre – das gemeinsame Beten des Unservaters etwa gehört für mich zu den verkrampftesten Momenten in einem Gottesdienst.

Bekenntnisse klingen in meinen Ohren auch dann falsch, wenn kein totes Ritual heruntergebetet wird. An zwei kirchlichen Trauungen, zu denen ich kürzlich eingeladen war, haben die Brautpaare ihr Eheversprechen selbst formuliert: ein sorgfältig überlegtes Bekenntnis zur gemeinsamen Zukunft, an dessen Aufrichtigkeit ich keine Zweifel hatte. So schön und unkonventionell beide Traugottesdienste waren, so fremd war mir das öffentliche Eheversprechen, das der eine Bräutigam vor Tränen (der Rührung? der Verlegenheit?) fast nicht zu Ende sagen konnte. Obwohl ich mir bewusst bin, dass Heiraten per se ein öffentlicher Akt ist, kam ich mir als Voyeurin vor. Ich fand das Bekenntnis überflüssig: einerseits weil ich den beiden das alles ohnehin geglaubt hätte, und andererseits weil ich das Gefühl nicht los wurde, es gehe mich nichts an.

Vielleicht gehört das Bekenntnis zu jenen Ritualen, zu denen die moderne Gesellschaft nicht zurückkehren kann, wenn sie ehrlich bleiben will. Ein Bekenntnis ist nur dann wirksam, wenn es sich auf einen Bereich der *res publica* bezieht, der alle angeht. Ohne dass wir uns dessen bewusst wären, sprechen wir im Alltag oft Bekenntnisse aus. So bekennt man sich etwa zur autoritären oder anti-autoritären Erziehung, zur Monogamie oder zur offenen Beziehung, man bekennt sich zu einer politische Partei oder zur «bewussten» Parteilosigkeit. Ich persönlich habe zum Beispiel kein Problem damit, mich zu universalen Menschenrechten zu bekennen. Wenn jemand fordert, dass Homosexuelle nicht als Lehrer angestellt werden dürften, gehe ich auf die Barrikaden. Will mich jedoch jemand davon überzeugen, dass Homosexualität eine Sünde sei und mit ewiger Verdammnis ende, dann ärgert mich das zwar, aber ich sehe keinen Handlungsbedarf. Denn ich nehme den religiösen Erklärungszusammenhang nicht als Teil der *res publica* wahr.

Die «Privatisierung» der Religion wird oft mit dem Verschwinden der religiösen Dimension gleichgesetzt. Wenn sich eine Dimension des Lebens aus dem öffentlichen in den intimen Bereich verschiebt, löst sie sich damit jedoch nicht unbedingt auf – auch der vielzitierte Begriff der «Beliebigkeit» trifft die Sache nicht. Mit der Tatsache, dass wir sterben werden, muss sich nach wie vor jeder Mensch auseinandersetzen. Dies kann im Privaten (mindestens) genauso verbindlich und aufrichtig geschehen wie unter der Aufsicht einer öffentlichen Autorität. Nicht die Religion ist in Gefahr, sondern die Kirche, deren Aufgabe es unter anderem ist, die Religion als *res publica* zu verteidigen.

Der Wunsch nach einem Bekenntnis ist die Reaktion auf ein Manko in der modernen Gesellschaft, die keine verbindlich formulierte Gemeinschaft mehr kennt. Das Problem ist nur, dass der Wunsch nach Verbindlichkeit noch keine Lösung schafft. Wir haben das Bedürfnis nach einem Bekenntnis, *weil* uns die Formen fehlen. Das (unstillbare) Bedürfnis nach einem Bekenntnis ist ein Hoffnungszeichen, das von der Kirche vielleicht viel zu wenig als solches wahrgenommen wird. Ein Bekenntnis, egal welcher Art (ob mit oder ohne «obligatorischen Kern»), kann jedoch keine Identität schaffen. Es verhält sich umgekehrt: Man kann sich nur zu einer Identität und einer Gemeinschaft bekennen, die bereits besteht. Alles andere ist Ideologie.

Bekenntnis – ich bin so frei

Susanne Ruegg Bauke

Es ist im Moment nicht zu übersehen, wie sich die politischen Parteien, die seit einiger Zeit oder vor gar nicht allzu langer Zeit zum Teil empfindliche Wähler-Verluste hinnehmen mussten, sich jetzt, im Herbst 1998, ein neues Outfit verpassen: zuerst meldete sich die FDP zu Wort, die aus dem politischen Links-Rechts-Schema ausbrechen und als Reformerin, Vordenkerin, zukunftsgerichtete Fort-Schritt-Macherin den Weg ins neue Jahrtausend gehen will. Dann fand der Parteitag der CVP statt, der klar machte, dass die Christlichen auch nicht mehr zu den «Lieben und Netten» gehören wollen, sondern je nach Bedarf auch ihre Zähne fletschen und die Klauen zeigen möchten. Und am 9.11.98 lese ich zu guter Letzt noch von der deutschen CDU, die durch präsidiale Verfügung verweiblicht und verjüngt und dadurch offenbar wieder ansprechender, schlagkräftiger und erfolgreicher werden soll ...

Alle arbeiten an ihrem Image, gehen über die Partei-Bücher, analysieren ihre Botschaften, beäugen kritisch ihre Wirkung. Niemand will sich mit Bisherigem, Altem zufrieden geben, jeder will sich anpassen, erneuern.

Ich weiss, es ist «in», von Image-Problemen zu sprechen. Jede Firma, die nicht Jahr um Jahr steigende Gewinne ausweisen kann oder jede Non-Profit-Organisation, die nicht über ein steigendes Spende-Volumen berichten kann, hat ein Image-Problem und muss ihr Outfit den Anforderungen der heutigen Zeit anpassen, muss ihr Produkte-Angebot hinterfragen. Und darin schwingt etwas Reformiertes mit *(ecclesia reformata semper reformanda):* Sich immer und immer wieder die Frage zu stellen, wer wir wirklich sind, was uns von anderen unterscheidet, was das Reformiert-Sein effektiv ausmacht, wie genau sich unsere Identität beschreiben lässt; was und wie wir als Reformierte z.B. in den Gottesdiensten feiern, singen, beten und bekennen wollen; den Leuten nicht nur «aufs Maul schauen», um ihre Sprache zu verstehen und zu sprechen, sondern auch den Leuten «aufs Leben schauen», um zu sehen, welche Gestalt und welchen Inhalt sie ihrem Leben geben, welche Leitverse immer wieder zu hören sind, welches Profil sichtbar wird.

Jede Firma hat ihre Firmenleitsätze, viele Schulen ihre Leitbilder, also wäre es jetzt eigentlich an der Zeit, dass unsere Kirche auch wieder sichtbar macht, worauf sie eigentlich steht. Deshalb hoffe ich, dass die nächste derartige Image-Meldung in den Tages-Zeitungen die Kirche betrifft:

«Die Zürcher Landeskirche will nicht mehr als bekenntnisschwache Beliebigkeits-Kirche gelten, in der jede/r sich seinen/ihren Glauben nach eigener Lust und Laune zusammenstellt nach dem Motto alles ist möglich, nichts ist verbindlich. Sie will sich selber zur Jahrtausend-Wende ein neues, klareres, bekenntnisreicheres und damit eben verbindlicheres Gewand schenken!»

Hoffentlich springt der Bekenntnis-Versuchs-Funke über und zündet in verschiedenen Zürcher Gemeinden knisternde Feuerchen! – Mich jedenfalls fasziniert die Bekenntnis-Idee – aus ganz verschiedenen Gründen:

– aus Neid gegenüber unserer katholischen Schwesterkirche oder aus dem Willen, es den Katholiken in einem Punkt gleich zu tun: Es gibt jedes Jahr einige Übertritte von Katholik/innen in unsere Kirchgemeinde, die meisten mit der Begründung, dass die Reformierten «liberaler», offener, toleranter seien (was im ersten Moment der reformierten Pfarrerinseele schmeichelt). Die Kehrseite davon ist, dass wir Reformierten offenbar diejenigen Menschen besonders anziehen, die weniger Bindendes, weniger Verbindendes, weniger Verbindlichkeit wollen. Ganz im Gegensatz zu unserer Gemeinde scheinen die Katholiken einen engeren Zusammenhalt zu haben mit einer viel höheren Bereitschaft «normaler» Mitglieder, aktiv mitzuhelfen, präsent zu sein, zu zeigen, dass «man» dazugehört. Mir geht es nicht darum, mehr Gemeindeglieder zu gewinnen, die bestimmte (kath.) Inhalte nicht unterstützen wollen, sondern mehr Menschen anzusprechen, die sich mit unseren (ref.) Inhalten auseinandersetzen und «Ja» dazu sagen können. Und genau dies bietet mir das Projekt «Bekenntnis»: mehr Identitäts-Diskussion, mehr Gespräch über Glaubens-Fragen, mehr Ringen um Profil, darum, wer wir eigentlich sind und worum es uns geht, mehr Verbindlichkeit in der Gemeinde.

– aus Lust am alten Wein in neuen Schläuchen (oder ist es neuer Wein in alten Schläuchen?): Es ist nicht zu übersehen, wie ausserhalb, am Rand oder auch «im Mittelfeld» der christlichen Tradition viele uralte bis steinalte Weisheiten und Erkenntnisse fast boomartige Begeisterungsstürme und Bewegungen auslösen; ich denke ans Enneagramm, Chakren- und Zen-Meditationen, ans Hervorkramen und Zelebrieren alter liturgischer Formen im Gottesdienst, an viele sogenannt esoterische Weisheiten, an Feng Shui, etc. Wir entdecken offenbar das «Alte» wieder, das wir gar nicht etwa als veraltet empfinden. Wir begreifen seinen Wert, können es zum Teil erfolgreich in unser modernes Leben integrieren und von diesen Weisheiten für unser seelisches und geistiges Wachsen profitieren. Die Art und Weise, wie das Apostolische Bekenntnis aufgenommen werden soll, hat heute Methode: das Alte wird entstaubt, ans Licht gebracht und mit unserem Leben im 20. Jahrhundert (hoffentlich) erfolgreich verknüpft: altes apostolisches Bekenntnis und neuzeitliche Paraphrase.

– aus Neugier und Interesse an Versuchen und Projekten nach dem «Motto» von Kurt Marti: «Wo chiemte mer hi / wenn alli seite / wo

chiemte mer hi/und niemer giengti/für einisch z'luege/wohi dass me
chiem/ we me gieng.» Ich mache grundsätzlich gerne Experimente. Ich
finde es spannend, zu beobachten und zu reflektieren, was mit mir,
mit den Gemeindegliedern, mit einer Gottesdienst-Feier geschieht,
wenn sie für einmal in einem anderen Rahmen, an einem neuen Ort,
mit alt-unbekannten liturgischen Elementen gestaltet wird: was ändert
sich wie? Was wirkt erstaunlich positiv, was überraschend negativ? Veränderungen schenken einen anderen Blick: im bekannten Licht in eine
neue Richtung auf Verwunderlich-Anderes schauen, und dabei sehen,
welch ungeahnte Erkenntnisse möglich sind, welche Veränderungen in
Gang kommen, welche Bewegungen entstehen ...

- aus dem Drang heraus, das Religiös-Private (wieder) öffentlicher zu machen; denn: Privates vereinzelt. Wenn wir uns nicht mehr mitteilen
wollen, was wir glauben, worauf wir bauen und vertrauen, kann es uns
wie dem armen Mann in Peter Bichsels Kindergeschichte «Ein Tisch ist
ein Tisch» ergehen, der alle Dinge ganz für sich, privat neu benannte,
so dass er schliesslich niemanden mehr verstand, noch schlimmer aber:
von niemandem mehr verstanden wurde.

Den Bekenntnis-Versuch verstehe ich daher als ein Suchen nach möglichst vielen gemeinsamen Worten, die wir zusammen sprechen und verstehen, und denen wir mit der Zeit vielleicht sogar eine annähernd ähnli-
che Bedeutung geben können. Der Bekenntnis-Versuch versucht, uns reli-
giös privatisierten Sprachlosen zuerst vorgegebene Worte zu entlocken,
auf dass wir mit der Zeit hoffentlich wieder mit unseren eigenen Ausdrücken das zu benennen vermögen, worauf es im Leben und im Sterben
ankommt. Und auf all diese alt-neuen Worte, die uns ins Nachdenken
führen und vielleicht zum Bau eines sichtbaren Fundamentes anleiten,
bin ich sehr gespannt!

Ökumenisch-missionarische Herausforderung

Madeleine Strub-Jaccoud

Es ist Zeit, dass die evangelischen Kirchen sich klar als solche zu erkennen geben, dass sich ihre Mitglieder auf Glaubensaussagen berufen können, die sie im Gottesdienst ermutigen, ihren Glauben im Alltag zu leben und zu teilen. Diese allgemeinen Aussagen rufen nach konkreten Aussagen.

1. Die Streitkultur oder vom Zögern zum Handeln

Die Schweizerische Evangelische Synode hat in ihren Schlussdokumenten 1987 gefragt:

> «Ist die Zeit reif? Ist es nicht vermessen, Perspektiven heutigen Bekennens vorzuschlagen? Wenn wir nach innen schauen, besteht viel Grund zum Zweifel. Die evangelischen Kirchen sind in eine Vielfalt von Richtungen und Bewegungen gespalten.»

Heutiges Bekennen besteht in der Auseinandersetzung mit der Welt und ihren Anforderungen und Erwartungen an unser Glauben und Handeln. In dieser Auseinandersetzung fragt der Gottesdienst, was Gott uns heute sagen will, und versucht, eine verbindliche Antwort zu geben. Dafür ist das Bekenntnis geschaffen. Es wird im Gottesdienst, ist es Ausdruck uns prägender Glaubensaussagen, den Anstoss geben für die Gestaltung der Woche, es ist Begleitung und Orientierung.

Heutiges Bekennen wird anecken, wird Streit auslösen, wird, will es wirklich Orientierung sein, Menschen, die nicht einverstanden sein können, auch dazu bewegen, sich von der Gemeinde, von der Kirche abzuwenden. Grund dafür ist, dass heutiges Bekennen sich den Problemen unserer Gesellschaft, der Multikulturalität, der sozialen Probleme, der Globalisierung von Hoffnung und Angst nicht entziehen kann, will es die Menschen dort ansprechen, wo ihre Fragen liegen. Wenn wir fragen, was Gott uns sagen will, dann weist dies hin zu den Menschen auf der Südhälfte der Erdkugel, weist in die weltweite Kirche, weist auf geschlagene Frauen, auf hungrige Kinder, auf erwerbslose Frauen und Männer hin, weist auf ungerechte Strukturen, auf Unterdrückung, Ungerechtigkeit und Krieg hin.

2. Die Perspektiven gemeinsamen Bekennens

Darum ist es nötig, dass die evangelischen Kirchen bekennen und so ihren Mitgliedern die Möglichkeit geben, in der Welt als solche erkennbar

zu werden. Für mich ist es deshalb wichtig, dass wir bekennen und dass
wir das, was wir bekennen, orientieren an dem, was wir an Glaubensin-
halten überliefert bekommen haben. Es geht um das Bekenntnis zum
Gott des Lebens, zu Christus, der unser Bruder ist, und zum guten Geist
Gottes, der uns erneuert und belebt. Es geht um die Gemeinschaft, die
aus solchem Glauben heraus entsteht, Gott selber führt sie zusammen,
um sie wieder zu senden. Die Schweizerische Evangelische Synode hat
den «Gottesdienst als Quellort der Gemeinde» bezeichnet. Die Gemeinde,
die Kirche, die bekennt, grenzt sich nicht ab, sondern begibt sich hinein
in die Gestaltung der Gesellschaft, in der sie Kirche ist. Wenn der Gottesdienst diese zentrale Funktion behalten kann, dann ist er auch ein Ort
des verbindlichen Redens und wird im Alltag Ort des verbindlichen
Handelns.

3. Die ökumenische Bewegung kann auf uns zählen

Mit dem Vorschlag, dass Gemeinden und Gruppen um das Apostolikum
herum Bekenntnistexte formulieren, begibt sich die Zürcher Landeskirche
auf den Weg des verbindlichen Glaubens, Redens und Handelns. Sie bekommt ein Gesicht und wird in der weltweiten und der innerevangeli-
schen Ökumene eine Partnerin mit klaren Konturen und mit erkennba-
ren Inhalten. Sie wird im ökumenischen Dialog eine verlässliche Partnerin und kann sich in der interreligiösen Begegnung auf einer gefestigten
Grundlage bewegen.

Freilich, und das muss unbedingt so sein, muss die Freiheit gewährleistet sein, die Freiheit der Gemeinde, ihre Aussagen frei zu gestalten. Vielleicht ist der Weg dorthin lang, denn es gilt Ängste abzubauen, gilt Frau-
engruppen, Jugendgruppen, evangelikale Kreise, politisch motivierte Bewegungen und viele andere mehr einzubeziehen. Gerade um dem Abbau
der Ängste zu dienen, muss gewährleistet sein, dass das Apostolikum
wirklich den verbindlichen Rahmen bildet.

Der dritte Glaubensartikel, der Glaube an eine allgemeine, katholische
Kirche, verdient dabei eine besondere Sorgfalt, muss er doch den Blick
öffnen für die Schwesterkirchen und die landeskirchliche Existenz.

4. Worum es wirklich geht

In allem und durch alles hindurch muss der Schritt, wie er vorgesehen ist,
das tun, was die Schweizerische Evangelische Synode wie folgt umschrie-
ben hat:

> «Gott hat sich in seiner Liebe zum Menschen bekannt, auch wenn sich der Mensch
> von ihm entfernt und seine Gegenwart leugnet. Er hat in Jesus von Nazareth
> menschliches Mass angenommen in einer von Masslosigkeit geprägten Welt. Wir
> erfahren ihn als befreienden Gott, der der verschütteten, unterdrückten Mensch-
> lichkeit wieder zum Recht verhilft.»

Alles wird sich daran entscheiden, ob die evangelischen Kirchen, mit oder ohne geschriebenes Bekenntnis, lernen, den Blick für die Welt zu schärfen, und aufhören, ihn bloss auf sich selber zu richten, dass sie neu lernen, Glieder am Leib Christi zu werden und den Weg des Friedens und der Gerechtigkeit zu gehen.

Essays

Gedanken zum Projekt «Bekennen»

Kristin Rossier Buri

1. Bekennen und das Problem «Freiheit»

Schon im allerersten Satz der Ausführungen des Zürcher Kirchenrates
steht zweimal das Wort «Freiheit. Dies fällt mir aussenstehender Leserin
auf. Und auch beim Weiterlesen der verschiedenen Voten kommt mir
immer wieder, explizit oder implizit, die Sorge entgegen, dass ein gemeinsames Bekennen des Glaubens im Rahmen eines Gottesdienstes die uns
Reformierten so wichtige Freiheit jedes Einzelnen im Glauben einschrän-
ken könnte. Dieses Betonen von «Freiheit», aber auch der geschichtliche
Hintergrund der Bekenntnisproblematik lassen erkennen, dass die Initi-
anten des Projektes «Bekennen der Zürcher Kantonalkirche» die stärksten
Gegenargumente aus den Reihen der Verfechter der persönlichen Freiheit
in Gestaltung und Ausdruck des Glaubens erwarten.

Ist es nun denn wirklich so, dass ein gemeinsam gesprochenes Bekenntnis im Rahmen eines Gottesdienstes – darum geht es ja im Zürcher Projekt – die persönliche Freiheit gefährdet? Ich lebe und arbeite in einer
Landeskirche (Église évangélique réformée du canton de Vaud) die, ähnlich der Zürcher Landeskirche, kein verpflichtendes Glaubensbekenntnis
kennt. Trotzdem werden jeden Sonntag in allen Kirchen Glaubensbekenntnisse gesprochen und gebetet (jedenfalls sieht das die verbindliche
Liturgie so vor). In meiner langjährigen Praxis als Gemeindepfarrerin und
später als Erwachsenenbildnerin in der Kirche hat dieses scheinbare Para-
doxon weder von Seiten der Gemeindemitglieder noch von Seiten der
Pfarrerschaft je Fragen aufgeworfen.

Das hängt mit dem Status des Bekennens zusammen. Ein Bekenntnis
kann verschiedene Funktionen haben. Die *normative Funktion* ist eine
davon. In dieser normativen Funktion wird das Glaubensbekenntnis zum
Massstab des «richtigen» Glaubens. In seiner normativen Funktion wird
ein Bekenntnis zum Werkzeug der Abgrenzung gegen innen (innerkirch-
lich) oder gegen aussen (gesellschaftlich). Es wird zum Instrument, um gewisse Glaubensaussagen oder -haltungen als nicht-entsprechend oder
nicht-konform zu erklären. In dieser Funktion kann ein Bekenntnis in
den Händen von Machtträgern, auf welcher Ebene auch immer – auf der
Ebene der Kirchgemeinde oder Kantonalkirche – zu einem Mittel werden, um Einzelne oder Gruppen zu disqualifizieren oder auszuschliessen.

In seiner normativen Funktion kann ein Bekenntnis tatsächlich freiheits-
beschränkend werden.

Das wäre zum Beispiel der Fall, wenn die kirchliche Obrigkeit das Bekenntnis von seinen Mitgliedern unterzeichnen lassen würde und ein Ab-
weichen insbesondere für die Pfarrerschaft disziplinarische Folgen hätte.
Ein solcher Gebrauch eines Bekenntnisses ist in der Kultur einer sich plu-
ralistisch verstehenden Landeskirche wie die waadtländische, schwer denkbar. Auch in der Landeskirche, die sich den Zürcher Protestanten als
«ihre Kirche» präsentiert, scheint mir ein normativer Gebrauch des Bekenntnisses nicht möglich. Darum wirken die Beispiele aus der amerikanischen Kultur, die eine der Votantinnen beschreibt (Politiker bekämpfen
sich im öffentlichen Raum mit spirituellen Normen) für zürcher- und
waadtländer-landeskirchliche Sensibilität so befremdend.

Das Projekt der Zürcher Kirche geht aber in eine andere Richtung. Das
im Gottesdienst gemeinsam gesprochene Glaubensbekenntnis hat, vorerst
jedenfalls, keine normative Funktion.

2. Das Glaubensbekenntnis im Gottesdienst

2.1 *Nicht Proklamation einer Norm, sondern vertrauensvolles Antworten
der Gemeinde auf die Verheissung Gottes*, so würde ich die liturgische
Funktion des Glaubensbekenntnisses definieren.

In dieser gottesdienstlichen, liturgischen Funktion ist das Bekenntnis
Gebet und Lobpreis der versammelten Gemeinde. Als Antwort, als Echo
der Menschen auf Gottes Zuwendung, wird es in reformierten Gottes-
dienstordnungen meist nach der Predigt oder innerhalb der Tauf- oder
der Abendmahlsliturgie angesiedelt. Diese liturgische Funktion hat eine
kollektive gemeinschaftliche Dimension. Die Einzelnen bekennen zunächst einmal nicht ihren eigenen persönlichen Glauben, sondern ihre
Zugehörigkeit zu der Kirche, die ihren Glauben mit ebendiesem Bekenntnis bekennt. Bevor ein Bekennen im Rahmen eines Gottesdienstes zum
Ausdruck des Glaubens eines einzelnen Menschen wird, ist es Bekenntnis
des Glaubens der Kirche, und zwar sowohl in ihrer diachronischen als
auch in ihrer synchronischen Dimension.

Indem der einzelne Glaubende im Gottesdienst, zusammen mit anderen, das Glaubensbekenntnis spricht, bezeugt er, dass er sich als Teil dieser Kirche versteht, die über ihn und über alle mit ihm Versammelten in
Zeit und Raum hinausragt. Er deklariert sich als Teil einer Geschichte,
die in den Anfängen des Christentums begonnen hat und sich durch die
Jahrhunderte auf Wegen und Irrwegen bis heute - und auch morgen
noch - weiterentwickelt. Gleichzeitig fühlt er sich verbunden mit den
anderen Kirchen der Welt. Bezeugt der Einzelne von ganzem Herzen sein
Verbundensein und sein Getragenwerden von dieser Geschichte und damit auch sein Mitgehen heute inmitten des Volkes Gottes, kann er sich
die Freiheit leisten, sich von Einzelaussagen des Glaubensbekenntnisses

persönlich zu distanzieren. Die Kirche bekennt doch ihren Glauben auf Hoffnung hin, wohl wissend, dass in dieser Welt der von Gott geschenkte Glaube nur unvollkommen gelebt werden kann.

In diesem Sinn scheint mir das Rezitieren eines «alten» Glaubensbekenntnisses (z.B. des Apostolicums) weder «entmündigend» noch «ohne Bedeutung für die Menschen der Gegenwart» zu sein, wie dies in der Schrift des Kirchenrates behauptet wird. Vermutlich hatte das Apostolicum schon in der alten Kirche - als zur baptismalen Liturgie gehörend - eine vorwiegend liturgische Funktion: Es war so etwas wie ein «neutrales» Resümee der biblischen Botschaft. Die normative Funktion - als Abgrenzung gegen Häresien - stand viel weniger als in anderen Bekenntnissen der alten Kirche im Vordergrund. Darum «passt» das Apostolicum als Erinnerung an die geschichtliche und die weltweite Dimension der Kirche gut in heutige Gottesdienste.

2.2 *Die liturgische Funktion des Glaubensbekenntnisses wird in verschiedenen Voten mit «Verbindlichkeit» verknüpft.*
Soviel ich mit meinen welschen Ohren höre, schwingen da viele Hoffnungen und Erwartungen mit. In der heutigen Zeit des Individualismus, in welcher Glaube immer mehr zur Privatsphäre gehört und Kirchgemeinden oft kaum mehr Gemeinschaft leben, ist es sicher nötig, dass das Zusammengehörigkeitsgefühl der Christen gestärkt wird. Es gilt das Verbundenheitsgefühl zu fördern, sowohl innerhalb der Gemeinde, als auch in einem grösseren Rahmen innerhalb einer Kantonalkirche oder im weiteren Sinn der Ökumene. Das kann u.a. geschehen, indem sich Menschen miteinander auf die Wurzeln ihres Glaubens besinnen - und dies zusammen auf eine konsensuelle Art bekennen.

Dazu scheint mir das Apostolicum nicht ungeeignet. Die Menschen des 20. Jahrhunderts stehen ja alle in der gleichen geschichtlichen Distanz zu diesem aus den ersten Jahrhunderten der Kirche übernommenen Bekenntnis. Diese Distanz - ähnlich wie beim Lesen biblischer Texte - ist zu überbrücken, um den «alten» Text für heute zu verstehen. Das schafft Verbundenheit innerhalb der zum Gottesdienst versammelten Gemeinde.

Schafft aber Verbundenheit auch Verbindlichkeit? Das möchte ich bezweifeln und allzu grosse Erwartungen dämpfen. Es scheint mir unwahrscheinlich, dass eine neue Gottesdienstordnung etwas am individualistischen Zeitgeist und den bestenfalls punktuellen Engagements unserer Zeitgenossen in der Kirche ändert. Mit der Mentalität des «zappings», dieser heutigen Form der Unverbindlichkeit, müssen wir als Kirche leben lernen.

2.3 *Als Teil des Gottesdienstes besitzt das Glaubensbekenntnis in seiner liturgischen Funktion einen öffentlichen Charakter.*
Die liturgische Funktion ist nicht nur betende Antwort des Menschen auf Gottes Zuspruch, sondern gleichzeitig Proklamation - Verkündigung - an andere Menschen. Das bedeutet «Kirche mit Profil», proklamierte,

gemeinsam formulierte geschichtliche Identität und ipso facto Abgrenzung gegenüber anders formulierten und begründeten Identitäten.

Abgrenzung in der liturgischen Funktion ist jedoch nicht zu verwechseln mit Abgrenzung in der normativen Funktion. Die normative Funktion führt zu Werturteilen. Das «Wahre» wird vom «Unwahren», vom «Falschen» unterschieden. In der liturgischen Funktion ist das Bekenntnis ein Stehen zu einer geschichtlichen Identität und besagt lediglich etwas über «Gleiches», gleiche Identität, oder «Anderes», andere Identität, ohne Werturteil, d.h. ohne das Andere als falsch abzuqualifizieren.

Mutig bekennen in der heutigen Zeit ist für eine Gemeinde und für eine Kirche auch Üben partnerschaftlichen Mitredens in einer pluralistischen Gesellschaft.

2.4 Schliesslich möchte ich mich einem von einer Votantin angegangenen Problem zuwenden: *Schafft ein Bekenntnis Identität?* Ich glaube nicht: Grundsätzlich gibt Gott durch Jesus Christus der Kirche ihre Identität und ihre Daseinsberechtigung als Gottesvolk. Kirche schafft sich ihre Identität nicht selbst! Das Bekenntnis gibt ihr lediglich die gemeinsame Sprache, um ihre geschenkte Identität auszudrücken.

Insofern ist die (Wieder-)Einführung des Bekenntnisses in seiner liturgischen Funktion kein Allerweltsmittel gegen Kirchenaustritte oder andere zeitgebundene Übel, aber sicher eine Hilfe in einer im Religiösen etwas «sprachlos» gewordenen Zeit.

3. Ein «doppelsprachiges» Bekenntnis?

Die Idee eines zweiteiligen Bekenntnisses, einerseits in der alten Sprache des Apostolicums, andrerseits in der heutigen Sprache als Paraphrase, ist meines Erachtens der genialste Zug des ganzen Projektes und gleichzeitig sein grösster Stolperstein.

Genial, weil die Notwendigkeit einer Paraphrase den Gemeinden, ja der ganzen Zürcher Kirche einen spannenden erwachsenenbildnerischen Impuls geben kann. Damit kommt eine weitere – wenn auch untergeordnete – Funktion des Bekenntnisses ins Blickfeld: seine pädagogische Wirkung. Seit der Reformation sind Bekenntnis und Katechismus eng verbunden. Bis in die 60er Jahre hinein, jedenfalls in der Waadtländer Kirche, gründete sich der kirchliche Unterricht auf das Apostolicum. Da heute – zum Teil bis in die Gemeinden hinein – biblische und dogmatische Verschwommenheit herrscht, ist die Gelegenheit einer Klärung dessen, was die Kirche glaubt und predigt, sicher willkommen.

Ein Stolperstein ist ein «doppelsprachiges» Bekenntnis im Hinblick auf die Formulierung einer heutigen Paraphrase zum alten Text. Ich befürchte, dass sich die Geister am Bekenntnis in der Sprache der heutigen Zeit mehr und schwerwiegender scheiden als am guten alten Apostolicum. Es ist zu erwarten, dass das Neuformulieren des Bekenntnisses zu sehr verschiedenartigen Ergebnissen führen wird. In den Paraphrasen werden sich die Werte spiegeln, die den Autoren wichtig sind: deren jeweilige theologische Richtung, die Schattierung der Spiritualität, die Wahrnehmung der Gesellschaft und die Wertung der Modernität. So wird man von eher traditionellen Texten bis hin zu markant «feministisch», «missionarisch» oder «grün» geprägten Formulierungen alles finden.

Mit anderen Worten: Alle Farben des Pluralismus unserer Landeskirchen werden sich in den Neuformulierungen des Bekenntnisses wiederfinden. Die Paraphrasen werden zu Revelatoren der Divergenzen zwischen den Kirchenmitgliedern werden.

Dieses Aufdecken verschiedener Glaubensverständnisse innerhalb einer Gemeinde ist potentiell konfliktreich. Man könnte von der Gefahr einer Verschiebung der Funktion des Bekenntnisses sprechen. Von der liturgischen Funktion des gemeinsam im Gottesdienst gesprochenen und gebeteten Apostolicums könnte die Paraphrase in der Sprache der heutigen Zeit zu einem sogenannten «Status confessionis» führen.

Der «Status confessionis» ist neben der normativen und der liturgischen Funktion eine dritte Funktion des Bekenntnisses: die deklarative Funktion. In dieser Funktion ist das Bekenntnis eine von der biblischen Botschaft her formulierte Stellungnahme der Kirche zu einem gesellschaftlichen Umfeld. Anlass dazu gibt ein bedeutendes gesellschaftliches Ereignis, das die Kirche als mit der biblischen Botschaft im Widerspruch stehend beurteilt. Diese Funktion ist von der normativen und liturgischen zu unterscheiden.

Das Ziel der liturgischen Funktion des Bekenntnisses ist es, der «Gemeinschaft der Heiligen» in einem gemeinsamen Gebet Gestalt zu geben. In seiner deklarativen Funktion richtet sich das Bekenntnis aber nicht primär an Gott im gemeinsamen Gebet, sondern an die Gesellschaft. Es will ihr kontextuell die christlichen Wurzeln und Werte ins Gedächtnis rufen. Der «Sitz im Leben» dieser Funktion ist meines Erachtens nicht das Gebet, sondern die Debatte an einem Ort, wo demokratische Auseinandersetzung möglich ist, also in einer Gemeindeversammlung oder an einer Synode.

Die Paraphrase des Apostolicums in der Sprache der heutigen Zeit sollte sich sorgfältig am Ziel der liturgischen Funktion orientieren, ohne deshalb ins Fade oder Nichtssagende auszuweichen. Und sollten sich profilierte Stellungnahmen zu gesellschaftlichen oder politischen Themen aufdrängen, so ist dabei dem gottesdienstlichen Rahmen und dem Pluralismus unserer Landeskirchen Rechnung zu tragen.

Der Gottesdienst muss der Ort bleiben, wo alle Christen, die miteinander feiern wollen, eine Heimat finden.

4. Einige Gedanken aus der Sicht der Erwachsenenbildnerin

Das Erarbeiten von Paraphrasen des Apostolicums mit einer Gemeinde ist ein stimulierendes erwachsenenbildnerisches Unternehmen. Einiges scheint mir dabei beachtenswert:

1. Wichtig ist, dass die grösstmögliche Anzahl Gemeindeglieder miteinbezogen wird.

2. Dem Pluralismus in der Gemeinde ist besondere Aufmerksamkeit zu widmen. Die verschiedenen vorhandenen theologischen, spirituellen oder politischen Tendenzen sind zu berücksichtigen, um zu verhindern, dass eine bestimmte Gruppe beansprucht, im Namen aller zu sprechen.

3. Als Erstes sind Ziel, Zweck und Platz des Bekenntnisses im Gottesdienst (liturgische Funktion) sorgfältig zu klären.

4. Dann gilt es, das Apostolicum wirklich zu verstehen. Soll dies nicht bloss auf kognitiver Ebene durch Vermitteln von Wissen in Predigt und Vorträgen geschehen, sollte den Menschen die Möglichkeit geboten werden, sich in kleinen Gruppen mit dem Text und den gegenseitigen Verständnissen, Werten und Emotionen auseinanderzusetzen. So kann die Suche nach Neuformulierungen auch zu einer Gelegenheit des Wachsens im eigenen und im gemeinschaftlichen Glauben werden.

5. Vielen Menschen fehlen die Worte (die Sprache, die Vokabeln), um sich im religiösen Bereich differenziert auszudrücken. Um zu verhindern, nur eine sprachgewandte Elite anzusprechen oder auf abgedroschene Redeweisen zurückgreifen zu müssen, empfiehlt es sich, die sprachliche Kreativität bewusst zu fördern. Dies kann durch kreative Methoden wie Metaphern, Photolangage usw. geschehen.

6. Könnte die Arbeit an Glaubensbekenntnissen nicht transgenerationell aufgebaut werden? Es könnten für eine gewisse Zeit alle in der Gemeinde vorhandenen Altersstufen, von den Kindergruppen bis hin zur Altersarbeit, am Formulieren von Paraphrasen beteiligt werden. Sogar Kinder haben meines Erachtens zum Beispiel zum Artikel: «Ich glaube an Gott den Vater» etwas zu sagen!

7. Kann sich eine Gemeinde nicht auf eine einzige Paraphrase des Apostolicums einigen, besteht die Möglichkeit, die Vielfalt verschiedener Gottesdienste für die Benützung verschiedenartiger Bekenntnisse zu nutzen. Abwechslungsweise könnten den Bekenntnissen entsprechende Gottesdienste mit eher liturgischem oder dogmatischem oder politischem Akzent angeboten werden.

8. Und schliesslich: der Auftrag, mit einer Gemeinde Paraphrasen des Apostolicums in der Sprache der heutigen Zeit zu erarbeiten, braucht Zeit! Bis die Gemeinde so weit ist, wäre es hilfreich, auf eine von der Kirche zusammengestellte Sammlung von modernen Paraphrasen zurückgreifen zu können.

5. Semper reformanda

Mit ihren Bemühungen um mehr Verbindlichkeit, mehr Verbundenheit und mehr Sichtbarkeit steht die Zürcher Kirche nicht allein. In den letzten Jahren sind im französischen Sprachraum auffallend viele Publikationen zum Thema «Protestantismus» erschienen. Die zahlenmässig immer kleiner werdende Église réformée de France wie auch die welschen Kirchen, die alle vom Status der Mehrheitskirche zu knappen Minderheiten geworden sind, suchen damit ihre spezifische Identität neu zu formulieren und die reformierte Stimme im Chor der anderen Kirchen und religiösen Gruppierungen erklingen zu lassen. Eine dieser reformierten Besonderheiten ist es, nie am Ziel zu sein. Dies bedeutet, immer weiter zu suchen, weiter zu gehen und sich verändern zu lassen. André Dumas, der französische Philosoph und Theologe, sagt es so:

«Nous autres protestants, nous ne sommes arrivés en rien. Nous concourons avec tous les autres qui courent aussi, à l'honneur de Dieu et au bonheur des hommes».

«Wir Protestanten sind in keiner Weise am Ziel. Mit allen denen, die auch im Rennen sind, laufen wir und tragen etwas bei zur Ehre Gottes und zum Glück unserer Mitmenschen.» (*André Dumas*: Protestants, Paris 1987, S. 62)

Bekenntnis oder Bekennen?

Emidio Campi

Ist es nötig, diese Frage zu stellen? Wissen wir nicht alle wenigstens in etwa, was der Unterschied zwischen dem Substantiv «Bekenntnis» und dem Verb «bekennen» ist und sein könnte? Wissen wir nicht alle, dass das Bekennen immer grösser und vielfältiger ist als das durch ein Bekenntnis herausgefilterte Glaubensverständnis? Das ist hoffentlich so, und doch muss ich für mich persönlich gestehen, dass ein genaueres Weiterfragen, über das Gewusste oder Geahnte hinaus, zahlreiche Überraschungen und Fragezeichen zutage gefördert hat. Aus diesem Grund erlaube ich mir, diese Frage in der neu aufkommenden Diskussion über die Wiederbelebung des apostolischen Glaubensbekenntnisses im Gottesdienst zu stellen und mit einigen Anmerkungen zu versehen. Dabei geht es mir nicht im geringsten darum, kräftig die eigene Einsicht zu vertreten, sondern auf manche Grenzen und Gefahren aufmerksam zu machen, die in unserer komplizierten Frage verborgen sind.

1. Rückblick auf den Apostolikumstreit

Es ist nützlich, in erster Linie daran zu erinnern, dass die Diskussion über den Gebrauch des apostolischen Glaubensbekenntnisses im Gottesdienst nichts Neues ist. Man denke nur an den heftigen «Apostolikumstreit», der zwischen 1860 und 1880 in allen evangelisch-reformierten Kirchen der Schweiz und zu Beginn der neunziger Jahre in den lutherischen Kirchen Deutschlands erhebliche Erschütterungen verursachte, wenngleich nicht überall mit der selben Intensität. Die Frage nach der Geltung und dem Gebrauch des altkirchlichen Bekenntnisses beherrschte die Geister und erhitzte die Gemüter auch in der zürcherischen Landeskirche. Es ist höchst instruktiv, die gewaltigen Kämpfe der Jahre 1864 bis 1868, die eine Spaltung der Kirche befürchten liessen, ganz knapp in Umrissen zu skizzieren[1]. Denn in jenem leidenschaftlichen Ringen wurden Fragen aufgeworfen, deren Relevanz für unser eigentliches Thema nicht hoch genug eingeschätzt werden kann.

---

[1] Eine rein beschreibende Übersicht über die Ereignisse bietet *Gotthard Schmid*, Die Aufhebung der Verpflichtung auf das Apostolikum in der zürcherischen Kirche. Festschrift für Ludwig Köhler zu dessen 70. Geburtstag, in: Schweizerische Theologische Umschau Nr. 3/4, 20 (1950), 83–92.

Deutlich waren zwei Parteien oder kirchliche Richtungen erkennbar. Die «Positiven» beharrten mit ihren Frömmigkeitsformen der altprotestantischen Orthodoxie und der Erweckung auf dem Übernatürlichen der Offenbarung, betonten die Gültigkeit der altkirchlichen Bekenntnisse und der symbolischen Schriften der Reformationszeit, fühlten sich der Kirche als Hochburg des Glaubens gegen die Auflösung der modernen Welt verpflichtet. Die «Liberalen» nahmen dezidiert die Spannung zwischen christlicher Tradition und Modernität auf, setzten auf Versöhnung zwischen Christentum, Wissenschaft und Kultur, lehnten die traditionellen Bindungen in der Glaubenslehre ab, waren distanziert gegenüber der Institution Kirche und eher auf die ausserkirchlichen Wirkungen des Protestantismus zentriert. Freilich gab es, wie immer, auch mittlere Positionen, die sich in einer «Vermittlungstheologie» äusserten, auf die aber hier wegen der notgedrungenen Kürze nicht eingetreten werden kann.

Angesichts dieses starken theologischen Gegensatzes ist es nicht verwunderlich, dass der Gebrauch des Apostolikums, das in der Liturgie der Zürcher Kirche als obligatorisches Bekenntnis bei Taufe, Abendmahl und Konfirmation vorgeschrieben war, zur zentralen Streitfrage wurde. Nachdem mit der Synodalordnung von 1803 in aller Stille das Zweite Helvetische Bekenntnis und die übrigen bekenntnisartigen Schriften der Reformationszeit ausser Kraft gesetzt worden waren, wurde jetzt das altkirchliche Symbol in Frage gestellt. Ausdrücke wie «Jungfrauengeburt», «Höllenfahrt», «Auferstehung des Fleisches» oder «sitzet zur Rechten Gottes» waren für die Vertreter der liberalen Richtung besonders anstössig. Weder ihr sinnbildliches Verständnis noch ihre Re-Formulierung seien mit den Ergebnissen der historisch-kritischen Forschung vereinbar. Es sei daher eine Verwirrung der Gewissen, das Credo als eine verpflichtende und bindende Lehrformel zu betrachten. Im Namen der Glaubens- und Gewissensfreiheit lehnten es die Liberalen ab, das apostolische Glaubensbekenntnis noch zu benutzen, und gerieten dadurch natürlich in Konflikt mit den Orthodox-Positiven. Diese wollten das apostolische Symbol als Kurzformel des Glaubens und als denk- und ehrwürdiges Dokument der Alten Kirche unter keinen Umständen freigeben und traten für seine unverminderte Geltung ein. Die innerkirchlichen Richtungskämpfe spitzten sich zu, als 1864 der Grosse Rat die Geistlichkeitsynode, der nur die Pfarrerschaft angehörte, dazu bewegte, eine an die Gegebenheiten der modernen Gesellschaft angepasste Liturgie vorzubereiten. Obwohl die geltende Liturgie erst 1855 in Gebrauch genommen worden war und fast zwei Jahrzehnte zu reden gegeben hatte, beschloss die Synode am 28. Oktober 1868 – nach schweren Auseinandersetzungen – mit 68 zu 55 Stimmen die Annahme einer neuen Liturgie, welche Formulare für die Feier der Taufe und des Abendmahls mit oder ohne apostolisches Bekenntnis enthielt. Damit war die Verpflichtung für das Apostolikum in der evangelisch-reformierten Landeskirche des Kantons Zürich gefallen und das Bekennen als gottesdienstliche Handlung sowie auch als öffentliche Manifestierung der Gemeinschaft der Glaubenden freigegeben.

Wie war dieser tiefgreifende Wandel in bezug auf die Bekenntnisfrage möglich, wenn man bedenkt, dass nicht einmal alle reformierten, geschweige denn die lutherischen oder anderen protestantischen Kirchen, die ebenfalls einen erbitterten Apostolikumstreit austrugen[2], diesen Schritt gewagt haben? Hier steht man vor einer schwer lösbaren historischen Frage, auf die bis jetzt keine wirklich befriedigende Antwort gegeben worden ist. Dennoch dürften die folgenden Faktoren nach dem Stand der bisherigen lückenhaften Kenntnisse das Charakteristische, das Typische des zürcherischen Apostolikumstreits bilden. Zunächst einmal gilt es, das Ausmass der engen Wechselbeziehungen zwischen Politik und Kirche zu erkennen. Es entbehrt nicht der Ironie, dass in diesem, mit allem theologischen Ernst ausgetragenen Disput die Positionen der beiden Kontrahenten zu einem guten Teil von der geistigen und politischen Atmosphäre der zu Ende neigenden Ära Escher mitgeprägt waren: Man denke an die wichtige Rolle des einflussreichen freisinnigen Politikers Jakob Dubs in dieser Frage oder an die tiefe orthodox-pietistische Unzufriedenheit mit der Regierung und der grossbürgerlich beherrschten liberalen Partei. Bemerkenswert ist ferner, dass die Richtungskämpfe in einer Zeit erfolgten, als die reformierte Landeskirche eine bevorzugte Stellung im Kanton Zürich einnahm und im Grossen und Ganzen noch eine durchhaltende Kirchlichkeit bei der breiten Masse der Bevölkerung vorhanden war. Zwar zeichnete sich schon eine Distanz zu Kirche und Glaube ab, aber das Zugehörigkeitsgefühl zum Protestantismus war stärker. Die Abschwächung der kirchlichen Bindungen war relativ gering, jedenfalls geringer als in anderen protestantischen Ländern, wenn man beispielsweise bedenkt, dass 1863 noch eine «brisante» Frage darin bestand, ob die Kinder in den Industriegemeinden im oder nach dem Gottesdienst getauft werden sollten[3]. Ein weiteres Merkmal des zürcherischen Apostolikumstreits, zu dem es aber in anderen Kirchen viele Parallelen gibt, bestand darin, dass er von einem tiefen Vertrauen in die Geschichtswissenschaft als theologische Autorität geprägt war. In den zahlreichen Streitschriften der Zeit ist immer wieder die Auffassung vertreten, die Historie habe die Aufgabe, den Protestantismus von den dogmatischen Relikten der Vergangenheit, die zur Last geworden sind, zu befreien, um in der Gegenwart das Richtige zu tun. So bekämpfte man sich oft mit historischen und philologischen Waffen, als ob dies ein Argument wäre, das die Frage nach dem Verhältnis Glaube und Geschichte ein für allemal entscheiden könne. Und schliesslich darf keinesfalls übersehen werden, dass die Bekenntnisfrage, obwohl sie ein innerprotestantischer Streitpunkt war, zu einem grossen Teil von der ungeheuren Schärfe des Antikatholizismus und seiner Rhetorik beeinflusst wurde. Der antirömische Affekt war stärker

---

2 *Thomas Nipperdey*, Deutsche Geschichte 1866–1918, Bd. I: Arbeitswelt und Bürgergeist, München ²1991, S. 468–507, hier S. 484–486.
3 Geschichte des Kantons Zürich, Bd. III: 19. und 20. Jahrhundert, Zürich 1994, S. 155.

als der fundamentale Gegensatz zwischen Liberalen und Positiven, wie die heftigen Reaktionen in beiden Lagern auf die Definition des Dogmas von der unbefleckten Empfängnis Mariens (1854) oder von der päpstlichen Unfehlbarkeit (1870) sowie auf die Enzyklika Quanta cura und den beigegebenen Syllabus (1864) zeigten.

Es gibt einen anderen Aspekt, der das Genannte noch an Wichtigkeit übertrifft. Die Freiheit, die der religiöse Liberalismus errungen hatte, bedeutete «nicht die Freiheit vom Bekenntnis, sondern die Freiheit im Bekenntnis»[4], wie die Befürworter mit Recht immer wieder beschwören. Das ist für unser Thema wichtig. Man darf und muss keineswegs den Protest der Liberalen gegen das archaische Dokument als prinzipielle Stellungnahme gegen jedes Bekenntnis, geschweige denn gegen das Bekennen als Ausdruck des Glaubens interpretieren. Ihre radikale Haltung mag für die einen beeindruckend und für die anderen beängstigend sein.

Man kommt jedoch nicht um die Tatsache herum, dass es in diesem bewegten Disput um das entscheidende Bemühen ging, ein zeitgemässes Zeugnis von Gottes befreiendem Handeln für die Welt zu geben. In anderen Worten: Die Richtungskämpfe geschahen nicht aus Missachtung, sondern aus Hochachtung vor dem Bekennen als fundamentalem Akt christlicher Identität. Dabei nahm freilich der Diskurs der auf verschiedenen Ebenen streitenden Parteien eine je eigene Gestalt an. Der subtile Unterschied zwischen Bekenntnislosigkeit und Bekenntnisfreiheit ermöglichte einem Teil der Pfarrerschaft und des Bildungsbürgertums, die Orientierung an Wissenschaft und Philosophie guten Gewissens mit dem evangelischen Glauben zu vereinbaren, von ihm zu zeugen und Rechenschaft abzulegen. Derselbe Unterschied war aber den breiten Volksschichten nicht ohne weiteres verständlich. Es ist wohl kein Zufall, dass sie anders als beim «Straussenhandel» von 1839 kein Interesse für die Gründe zeigten, die die Theologen zur Abschaffung des Apostolikumzwangs ausführten. Mangels der Durchlässigkeit der Kommunikationsebenen gab es keine Chance, zu einer echten, bedachten Verständigung zu kommen. Der fakultative Gebrauch des Apostolikums, der sonst eine Art Modell für ein weltzugewandtes Christentums hätte werden können, blieb ohne Folgen und wurde nicht zum Ausgangspunkt für neue und mutige Schwerpunktsetzungen im Leben der Kirche. Denn trotz aller Betonung der Bekenntnisfreiheit darf man sich nicht darüber hinwegtäuschen, dass seit der Genehmigung der neuen Liturgie durch den Kantonsrat (1870) die Reflexion über das Bekennen nicht weitergeführt wurde. Eines ist jedenfalls seit diesem Jahr evident: dass lediglich das altkirchliche Glaubenssymbol in den Hintergrund gedrängt wurde. Somit verschwand einfach die ekklesiologische Dimension, die dem Bekenntnisakt angemessen ist. Faktisch erlebte - und erlebt noch heute - die grosse Mehrheit ihre Kirche nicht als bekenntnisfrei, sondern als bekenntnislos. Etwas von der Erregung jener

---

[4]   *Gotthard Schmid*, Die evangelisch-reformierte Landeskirche des Kantons Zürich. Eine Kirchenkunde für unsere Gemeindeglieder, Zürich 1954, S. 249.

äusserst umstrittenen Entscheidung haftet auch der geltenden Kirchenordnung vom 2. Juli 1967 noch an. Artikel 4 (mit Marginalie «Bekenntnis») hat nämlich folgenden Wortlaut:

«Die Landeskirche ist mit ihren Gliedern allein auf das Evangelium von Jesus Christus verpflichtet. Er ist einziger Ursprung und Herr ihres Glaubens, Lehrens und Lebens. Die Landeskirche bekennt dieses Evangelium in Gemeinschaft mit der gesamten christlichen Kirche aller Zeiten.»[5]

2. Bekennen in einer postmodernen Welt

Schon aus diesen knappen Bemerkungen wird deutlich, dass wir einerseits in einer Situation leben, die mit derjenigen des vergangenen Jahrhunderts gewissermassen eng verwandt ist. Es ist unbestreitbar, dass hinter den verschiedensten theologischen und kirchlichen Projekten der Gegenwart zu einem guten Teil die Tendenz zum Ausgleich zwischen dem christlichen Glauben und der Welt steckt. Schon deshalb muss davor gewarnt werden, die Einsichten der «Väter» als geistig einfältig zu bagatellisieren. Im Gegenteil, wir können viel von ihrem theologischen Programm lernen und müssen dazu auch bereit sein. Andererseits ist man sich mehr oder weniger deutlich bewusst, dass die heutige Situation wiederum so eigentümlich ist, dass wir vor der Aufgabe stehen, die Bekenntnisfrage neu in Angriff zu nehmen. Die Merkmale, die der gegenwärtigen Situation ihr eigenes Profil verleihen und die entsprechenden theologischen Antworten erfordern, sind längst bekannt[6]. Sie liegen weniger in der vielbeschworenen Erosion der Volkskirche als in der religiösen Differenzierung (man denke nur an die erstaunlich rasch vollzogene Integration der römisch-katholischen Kirche oder an die Ausbreitung von Freikirchen im Kanton Zürich), bei gleichzeitig weitergehender Säkularisierung des Alltags. Sodann sind diese Merkmale in den neuen vielfältigen religiösen und weltanschaulichen Bewegungen zu finden, die sich allermeist nicht verkirchlichen, und schliesslich im Wiedererwachen der grossen Religionen, deren Präsenz unübersehbar geworden ist. Diese Aufzählung lässt sich zwar beliebig verlängern, kann aber vortrefflich mit dem oft zitierten Spruch «every thing goes» zusammengefasst werden. Für die christliche Identität bedeutet dieser postmoderne Relativismus in der Regel zunächst einmal Entkirchlichung, dann aber eine immer weitere Distanzierung vom Gedanken einer Bindung an kirchliche Bekenntnisse, denen immer mehr ein Geruch von Engstirnigkeit und Anmassung anhaftet, der für den postmodernen Menschen schwer erträglich ist. Zudem impliziert die Ent-

---

5 *Eduard Rübel*, Kirchengesetz und Kirchenordnung der Zürcher Landeskirche, Zürich ²1983. S. 186.

6 Zuletzt dazu *Fritz Stolz*, Kult-, Gesinnungs- und Interessengemeinden. Beobachtungen aus religionswissenschaftlicher Sicht, in: *Matthias Krieg und Hans Jürgen Luibl* (Hrsg.), Was macht eine Kirchgemeinde aus. Territorialgemeinde - Funktionalgemeinde - Gesinnungsgemeinde, Zürich 1998, S. 7–20.

fremdung von kirchlich geprägten Glaubenshaltungen meistens die Auflösung christlichen Gedankenguts in eine rein individuelle religiöse Beliebigkeit. Dazu gehört eine unbestimmte, vagabundierende Religiosität, die
sich die verschiedensten Inhalte aneignen kann. Man pilgert bei sich bie-
tender Gelegenheit von einer Gruppe zur anderen, um sich die Autoritä-
ten auf diesem Gebiet anzuhören, und erwartet das rettende Heil von einem vermehrten Wissen. Dass heute in der zürcherischen reformierten
Landeskirche, wie es scheint, von fünf regelmässigen Gottesdienstbesucherinnen und -besuchern vier ihre Glaubensinhalte ausser aus der Bibel
auch noch aus ganz anderen Quellen beziehen, ist ein eindrucksvoller In-
dikator für die gegenwärtige Desorientierung und Verunsicherung der
Kirche in der säkularisierten Welt.

Der Tatsache, dass diese Situation eines weitergehenden religiösen Individualismus und Pluralismus viele Leute kalt lässt, muss man ehrlich ins
Auge blicken. Vielleicht haben sie sogar recht, das nicht allzu tragisch zu
nehmen. Schliesslich lebte das Christentum in den ersten vier Jahrhunderten seines Bestehens in einer Welt, in der die Vielfalt der Religionen
eine alltägliche Gegebenheit war. Dies kann aber nicht heissen, dass die
Frage nach dem Bekennen damit aus dem Bereich der Theologie und Kirche entlassen wäre. Es gibt meines Erachtens zwei mögliche Wege, unser
Problem zu behandeln, die kurz besprochen werden sollen.

Den ersten könnte man, mangels eines besseren Begriffs, als konfessio-
nalistischen Weg bezeichnen. Um der Gefahr der Auslieferung an eine
synkretistische, nichtchristliche Weltanschauung zu entgehen, legt sich
die Befürwortung einer persönlichen und korporativen Bindung an das
apostolische Glaubensbekenntnis nahe. Doch geht dies so einfach? Selbst
wenn wir darin manche sogar hilfreiche Hinweise fänden, was christlicher
Glaube ist oder sein könnte, würden uns die Väter des 19. Jahrhunderts
heilsam in die Enge treiben mit ihren Fragen: Bringt nicht das blosse
Nachplappern eines alten Texts das Christentum noch mehr in Misskre-
dit und evoziert es nicht sofort das Gespenst des Klerikalismus, der Heu-
chelei und des Gewissenszwangs? Ist das Credo wirklich Ausdruck der
Fülle des christlichen Glaubens oder vielmehr ein Dokument einer vergangenen Epoche der Kirche, das mit erheblichen Mängeln behaftet ist,
wenn man etwa an die Rechtfertigung, das Abendmahl u.a. denkt? Liegt
nicht zwischen dem altkirchlichen Symbol und heute ein breiter Graben,
der in Rechnung zu stellen ist? Nun sind diese prinzipiellen Einwände
wirklich ernst zu nehmen. Damit werden die Grenzen einer blossen «Wiedereinführung» des Apostolikums scharf erfasst. Hier besteht in der Tat
die Gefahr eines erneuten, sogar noch verstärkten Bekenntnisfundamenta-
lismus und damit auch der Engführung des Bekenntnisaktes auf die
Sehnsucht nach Gewissheit und Autorität jenseits aller Fraglichkeit und
Diskussion. Insofern ist der konfessionalistische Weg nur eine Variante
des allgemeinen Fundamentalismus und sollte sich für die zürcherische
Landeskirche auf jeden Fall verbieten.

Den zweiten möglichen Weg, auf dem die Bekenntnisfrage zu betrachten und auf ihren Wertgehalt zu prüfen wäre, könnte man, wiederum mangels eines besseren Begriffs, als hermeneutischen Weg bezeichnen. Damit ist sowohl ein Übersetzungs- und Verstehensvorgang als auch der Wille gemeint, das Apostolikum zu kontextualisieren, d.h. in Beziehung und Austausch mit dem gesellschaftlichen und geistigen sowie mit dem Glaubensbewusstsein unserer Zeit zu bringen. Um sich noch deutlicher auszudrücken: der hermeneutische Weg bedeutet die Bereitschaft, in einen Lernprozess des Bekenntnisaktes als dankbare Antwort auf Gottes Heilsangebot einzutreten. In diesem Sinne erhält die Frage nach dem Stellenwert des Apostolikums eine neue Dimension. Entscheidend ist nicht, wie die Fragestellung im Apostolikumstreit des 19. Jahrhunderts lautete, ob das apostolische Glaubensbekenntnis als ein für allemal fixiertes und verpflichtendes *depositum fidei* zu gelten hat; entscheidend ist, ob es als Katalysator wirken kann, um die Kirchgemeinden zum gemeinsamen Zeugnis aufzurufen. Anders formuliert: Es geht nicht um ein Verpflichtet-sein zur Tradition, sondern um das Sich-öffnen für einen verpflichtenden Auftrag für die Gegenwart.

Als exemplarische Konkretion eines solchen hermeneutischen Umgangs mit der Bekenntnisfrage sei auf das Projekt «Bekenntnis im Gottesdienst» hingewiesen, das von der Dienststelle Bildung und Gesellschaft im Auftrag des Kirchenrates initiiert worden ist. Hier wird der Vorschlag unterbreitet, dass jede Kirchgemeinde im Gottesdienst dem Text des altkirchlichen Symbols Paraphrasen, Übertragungen in moderner Sprache, gegenüberstellt, die offen für eine mögliche Revision auf Grund neuer Erfahrungen sein sollen. Freilich soll damit keine Beliebigkeit propagiert werden, und so bilden erst das altkirchliche Symbol und die modernen Paraphrasen zusammen das Bekenntnis. Wichtig dabei dürfte sein, dass die Kirchgemeinden sich darauf einstellen, möglichst viele Christinnen und Christen in den Diskurs einzubeziehen, damit die verschiedenen, auch gegensätzlichen Auffassungen zur Sprache kommen. Entscheidend ist auch, dass sie dem Einzelnen gerade in der Mittelbarkeit und Vielfältigkeit seines Verhältnisses zur christlichen Tradition die Fähigkeit zu persönlicher Aneignung dieses Erbes vermitteln. Man muss hier deutlich sagen: Soziologisch gesehen kann von diesem Verständnis des Glaubensbekenntnisses her schwer von einer «Ab- und Ausgrenzung» oder von einem «Disziplinierungsinstrument» die Rede sein. Umgekehrt könnte man sogar die kritische Frage stellen, ob der Vorschlag letztlich die Bedürfnisse unserer zwischen Hochmut und Verzweiflung schwankenden postmodernen Gesellschaft zu befriedigen versucht. Dem betonten Individualisten von heute, der die persönliche Entscheidung des Glaubens in die eigene Hand nehmen will, dürfte dieses Angebot von Tradition und Modernität nicht gleichgültig sein, denn gerade die freigesetzte religiöse Selbstbestimmung verliert ohne eine gewisse geschichtliche Verankerung ihren Gehalt. Und noch etwas: Ein solcher Lernprozess, der freilich die Fortsetzung von vielen anderen Lernprozessen bildet, lässt sich schlechterdings nicht autoritativ von oben verordnen; er kann nur in kleinen Schritten, im geduldigen aber konsequenten Bemühen von der Basis her, vorangetrieben werden und steht schlussendlich unter der pneumatologischen Verheissung: «der Geist der Wahrheit wird euch in die ganze Wahrheit leiten» (Joh 16,13).

Eine brisante Frage ist dann allerdings, welcher Grad an Verbindlichkeit den von den Kirchgemeinden erarbeiteten Pharaphrasen zukommt. Und wie verhalten sie sich zu dem altkirchlichen Symbol, dessen Text unveränderlich stehenbleibt? Muss nicht eine Korrelation angestrebt werden, wenn man getreu die Botschaft des gekreuzigten und des auferstandenen Jesus Christus bezeugen will? Oder anders gefragt: Würde die Auflösung dieser Korrelation im Sinne einer einseitigen Relativierung des einen oder anderen Aspekts des apostolischen Bekenntnisses den Bereich genuin christlichen Denkens verlassen? Das ist das herausragende Problem des hermeneutischen Ansatzes, dessen Ausgang durchaus offen ist und das nicht mit billigen Slogans entwirrt werden kann, da diese weder eine Lösung noch eine Aufhellung bringen.

Es kann vielleicht dienlich sein, in Erinnerung zu rufen, dass dieses Dilemma in der eigenen reformierten Tradition nicht unbekannt ist, sondern sogar an die Ursprungserfahrung des reformierten Kirchentums anknüpft. Die reformierten Kirchen haben im Laufe ihrer Geschichte immer wieder die Erfahrung gemacht, dass sie auf Grund einer Reihe von Motiven, zu denen sicherlich nicht zuletzt auch nicht-theologische gehörten, ein verbindliches Bekenntnis brauchen. Sie sind von der Überzeugung getragen worden, dass gerade das reformatorische Schriftprinzip eher begriffliche Zusammenfassungen und Umschreibungen biblischer Aussagen erfordert, als davon zu dispensieren. Nicht zufällig sagte Calvin: «Vera pietas veram confessionem parit»[7] - echte Frömmigkeit führt unweigerlich zu echtem Bekenntnis. Gleichzeitig aber - und das ist eben so wichtig - sind Bekenntnisse situationsbezogene Verweise auf das in der Heiligen Schrift bezeugte Evangelium. Sie neigen primär dazu, das aktuelle Bekennen zu betonen. Das gilt ebenso für das Zweite Helvetische Bekenntnis von 1566 wie für die letzte Bekenntnisbildung im reformierten Bereich: das Glaubensbekenntnis der Presbyterianischen Kirche von Kuba des Jahres 1977. Beide Gesichtspunkte sind bestimmend für das reformierte Verständnis von Glaubensbekenntnissen, und nur wo beide Gesichtspunkte zur Geltung kommen, kann man von Verbindlichkeit des Bekenntnisses reden und sie praktizieren. Innerhalb dieses Spannungsbogens sind freilich verschiedene Akzentuierungen möglich, die entweder den Geltungsanspruch gewisser Kernausagen des christlichen Glaubens oder den kontextuellen Charakter des Bekennens stärker betonen.

Blickt man nun auf das Projekt «Bekenntnis im Gottesdienst» im Lichte dieser Erkenntnis zurück, so liegt sein theologisches Verdienst meiner Meinung nach darin, die grosse Potentialität der relational-situativen re-

---

[7] *Johannes Calvin*, OS I, 294

formierten Bekenntnisauffassung deutlich erfasst und ins Zentrum der Diskussion zurückgeholt zu haben. Denn neben den und über die festgefahrenen Alternativen von apostolischem Bekenntnis oder kontextbezogenem Bekennen, Bekenntniszwang oder Bekenntnisfreiheit hinaus tritt aus der Projektbeschreibung die Überzeugung hervor, dass diese nicht abstrakt gegeneinander auszuspielen sind, sondern sich wechselseitig durchdringen müssen, um ein über sich selbst hinaus weisendes Zeugnis von dem Wort Gottes zu sein. So wird in klarem Unterscheidungsvermögen festgehalten, dass die Kirche nicht ihr Bekenntnis bekennt, sondern ihren Herrn. Aber sie bekennt ihren Herrn in ihrem Bekenntnis, und zwar – nach guter reformierter Tradition – nicht in Form einer irreformablen Glaubens- und Lehrnorm, sondern im Typus eines kontextuellen und glaubwürdigen Zeugnisses[8]. Dieser Ansatz, der unmittelbar ein Erwachen für die Erneuerung der Kirche in sich schliesst, weist in die richtige Richtung, will man unter den Bedingungen der Gegenwart die erfreuliche Botschaft von der freien Gnade Gottes, die für uns schon vor unserem Glauben und Bekennen gilt, weitergeben. Die Gemeinden, die mit dem Projekt begonnen haben, erfahren dabei, wie spannend und fruchtbar dieser Prozess des Bekenntnisaktes bereits heute ist und noch werden kann, gerade auch im Blick auf den globalen Horizont der anstehenden Probleme.

Kehren wir zu unserer Ausgangsfrage zurück: Bekenntnis oder Bekennen? Das kann doch wohl nur heissen: Eine Beschäftigung mit der Bekenntnisfrage mit all ihrem Für und Wider und damit mit ihrer Kompliziertheit ist für die zürcherische Landeskirche auf Grund ihrer Geschichte und der Herausforderungen der Gegenwart notwendig geworden. Dabei soll es aber nicht bleiben. In der Welt der Sprachblasen, die täglich über uns ziehen, geht es doch um ganz anderes: ein freies Bekennen von Christenmenschen, die tun, woran sie glauben, und glauben, was sie tun.

---

[8] Das Projekt ist hier inspiriert von den grundlegenden theologischen Aussagen von *Otto Weber,* Was heisst heute «reformiert»?, in: *Ders.,* Die Treue Gottes in der Geschichte der Kirche, Neukirchen 1968, S. 150.

Bekenntnis zur christlichen Freiheit

Spielregeln, systematisch-theologisch

Hans Jürgen Luibl

1. Alles nur gespielt?

Britische Paare, die bei einer standesamtlichen Heirat die Romantik des Traualtars nicht missen möchten, können sich jetzt vor einer Kirchenattrappe photographieren lassen. Ein Hotel in Wales hat im Garten eine Kirchenmauer mit Portal und Treppe errichten lassen. «Wir haben sie aus speziellem Stein erbauen lassen – es sieht sehr authentisch aus», sagt der Hotelmanager. Während die Kunden zufrieden sind, äussert der anglikanische Pfarrer Marty Presdee Bedenken: «Ich finde es falsch, eine kirchliche Trauung vorzutäuschen.»

Soweit eine Meldung der dpa vom März 1999. Sie regt zum Nachdenken an, etwa über die Alternative: ‹Kirche sein – oder Kirche spielen›. Woher weiss man eigentlich, ob man es mit einer Attrappe zu tun hat, mit Pappmachékirchen, mit Pappkameraden – oder eben mit richtiger Kirche? Die Antwort ist jetzt hoffentlich nicht: In der wahren Kirche, da ist was los. Denn gerade Kirchenattrappen eignen sich hervorragend für postmoderne Inszenierungen religiöser Gefühligkeit und als Bühne, gesellschaftliche Relevanz der Religion zu demonstrieren. Und es gibt genügend Tendenzen, auch den Gottesdienst als Gameshow zu präsentieren und die Predigt zur Talkshow umzuformen. (Und manchmal wird daraus ein richtiges Trauerspiel!) Damit ist jedoch nichts gegen das Spiel und das Spielerische gesagt – Gott bewahre, denn Gottes Weisheit spielt ja auch vor ihm (Sprüche 8,30). Es geht aber darum, dass hier kein falsches Spiel gespielt wird. Denn dafür ist das, was auf dem Spiel steht, zu hoch: erlöstes Leben. Wie aber spielt man, wenn man spielt, das ekklesiologische Spiel richtig? Was sind die Regeln, die einzuhalten sind? Woran erkennt man die wahre Kirche? Erkennt man die wahre Kirche überhaupt? Und schliesslich: Wen interessiert dies heute noch?

2. «Ich glaube» – das alte Spiel der Freiheit geht zu Ende

Die Sache mit den falschen Kirchenportalen mag man schnell erkennen. Schwieriger wird es jedoch, wenn man die Frage nach der wahren Kirche probehalber auf die eigene Kirche, etwa die Kantonalkirche oder die eigene Kirchgemeinde, anwendet. Denn in dieses Spiel ist jeder Getaufte auf seine Weise verwickelt, jede(r) darin, wie die Kirchenstudie im Blick auf die Schweiz formuliert, ein Sonderfall, ein Einzelfall. Diese Sondersituation, die dem einzelnen so viel Gewicht verleiht (sei es der einzelnen Gemeinde vor der Gesamtkirche, sei es dem Individuum vor dem Kollektiv), ihm Freiräume eröffnet und bewahrt, hat ihr gutes Recht und ihre nicht minder wertvolle Geschichte.

Das gute Recht des einzelnen entspringt der christlichen Freiheit. Diese Freiheit vor Gott und damit in der Welt wieder entdeckt zu haben, ist das Verdienst der Reformation. Die Weiterentwicklung dieses Konzepts von Freiheit liess einen ganz eigenen, gottvertrauenden und weltoffenen, eben evangelischen Stil von Frömmigkeit entstehen. Und es ist kein Zufall, dass gerade dieser evangelische Stil eng verknüpft ist mit der Geschichte der neuzeitlichen Freiheits- und Emanzipationsbewegungen. Und zufällig ist es somit auch nicht, dass zwischen der christlichen Freiheit einerseits und dem Liberalismus als gesellschaftlicher, politischer und kultureller Bewegung andererseits enge Beziehungen entstanden sind, die in der Schweiz bis heute prägend sind. Man hatte gelernt, so könnte man formulieren, in Kirche und Staat, in Glauben und Leben, das Spiel der Freiheit, die immer auch die Freiheit des Anderen und Andersdenkenden ist, zu spielen – und zwar immer so, dass neue Spielzüge möglich sein sollten zum Heil und zum Wohl des Menschen. In diesen Zusammenhang, in das Zusammenspiel kirchlicher wie politischer Kräfte, theologischer und gesellschaftlicher Überzeugungen gehört der Schritt zur Freiheit von der Verpflichtung zu einem bestimmten Glaubens-Bekenntnis. Auf diesem Weg wurde die Zürcher Kirche, was sie ist: ebenfalls ein Sonderfall im christlichen, evangelischen und sogar im reformierten Kontext.

In dem Masse aber, wie evangelischer Glaube sich in aller Freiheit einlässt auf die Geschichte der Freiheit, gerät er unweigerlich in Schwierigkeiten, diese Freiheit zu gewinnen und ihr Gestalt zu verleihen. Denn das Spiel der Freiheit ist weit davon entfernt, selbstverständlich zu sein. Um es in Gang zu halten, braucht es immer neue Einsätze, die so unverfügbar wie in ihrer Konsequenz unberechenbar sind. Und noch weiter sind wir davon entfernt, alle Regeln dieses Spiels zu kennen und recht anzuwenden, zumal nicht jede(r) für sich spielt, sondern immer andere auch mitspielen – und dies vielleicht nach ganz anderen Regeln. Natürlich, so kann man einwenden, gehören Gefahren und Risiken zu jedem Spiel. Das neuzeitliche Spiel der Freiheit jedoch hat nicht nur spezifische Gefahren, sondern scheint selber ans Ende gekommen zu sein und nach neuen, ganz anderen Spielzügen zu verlangen. Denn die entscheidende Spielfigur, das Subjekt, das mündige, selbstbewusste Subjekt, hat sich, wiederum die Spielmetapher bemühend, selber schachmatt gesetzt. Und dies ist nicht nur für die aufgeklärte Lebens-Kultur, sondern auch den protestantischen Glaubens-Kult von entscheidender Bedeutung. Denn auch dieser, gerade dieser hat auf das mündige Subjekt gesetzt, hat angesetzt und ernstgemacht mit dem Satz: «Ich glaube». Wo dieses «Ich glaube», wo der Wagemut des eigenen Glaubensbekenntnisses fehlt, verdirbt auch das evangelisch inspirierte Spiel der Freiheit des Glaubens in der Welt.

Von dieser Ermattung neuzeitlicher Subjektivität erzählt die «Dialektik der Aufklärung». Man kann dieses Schachmatt aber auch am Bekenntnisspiel nachzeichnen. Das Subjekt, der einzelne war der Inbegriff, geradezu die Ikone neuzeitlicher Freiheit. Und um seine Freiheit unter Beweis zu stellen, befreite es sich von den Bevormundungen des Staates wie der Kirche. Dieses war der erste Schachzug, dem ein zweiter folgen musste: Um sich selbst in dieser Freiheit zu legitimieren, musste dieses Individuum, musste der einzelne Mensch sich selber inszenieren, musste beginnen, auszuwählen, was verbindlich ist, musste die Verbindungen zwischen Gott und Welt herstellen, die ihn tragen und leiten sollten, musste selber Regeln erfinden. Er musste sich zu sich selber bekennen, ist in aller Freiheit einem Bekenntniszwang ausgesetzt, um die eigene Individualität unter Beweis zu stellen. Dass diese gerade nicht mehr individuell und schon gar nicht mehr freiheitlich ist, ist die Tragik neuzeitlicher Geschichte.

Man nehme als Beispiel nur die Diskussion um das Bekenntnis zur Auferstehung. War die ‹Auferstehung des Leibes› einst ein Sprachsymbol einer neuen Wirklichkeit, zu der der einzelne sich bekannte, weil diese Wirklichkeit dem einzelnen Individualität jenseits der Macht des Todes zusprach, so wird es – Erwachsenenbildungsabende und Konfirmandenstunden geben dafür genügend Beispiele – in evangelischer Freiheit etwa durch die Reinkarnationsvorstellung ausgelegt. Diese verspricht einem bekenntnismüden Subjekt, dass gerade nichts bekannt werden muss, sondern dass unabhängig von seinem Bekenntnis, seinem Wollen, das andere Leben sich von selber einstellt und das müde Subjekt hineinnimmt in einen grossen Verwandlungsprozess. Dies ist offensichtlich so anziehend, dass schliesslich die Beziehung kippt. ‹Leibliche Auferstehung› wird nicht mehr nur interpretiert, sondern zu einer unter vielen möglichen Interpretationsfiguren der Reinkarnation; diese wird zur Realität und lässt die Auferstehung als nichtssagende, leblose, blutleere Metapher übrig. So entleert steht am Ende – folgerichtig – die Diskussion um das leere Grab, die eigentlich eine verdeckte und verdrängte Diskussion um die leeren Kirchenbänke geworden ist. Hier dann die Auferstehung von den Toten zu bekennen, scheint in der Tat unmöglich geworden zu sein und macht das Bekenntnis zur Zwangshandlung, die man sich trotzdem lustvoll gegenseitig abverlangt, aber nur noch Raum lässt für ein vages, skeptisches «Ich glaube», vielleicht … Aus dem mündigen Subjekt, dem Sonder- und Einzelfall in Sachen Religion, ist ein Glaubenssingle geworden.

Um das Subjekt darin zu trösten, wurde die sogenannte Patchwork-Identität entdeckt. Sie besagt, dass es zwar keine klare Identität eines Individuums gibt, wohl aber eine Vielzahl von tausend bunten Lebensfäden. Aus diesen entsteht so zufällig wie zwangsläufig ein bunter Teppich, der über den Abgrund verlorener Individualität gelegt wird, ein Deckmäntelchen, das verbergen soll, was nicht mehr zu verheimlichen ist: Dass es kein Subjekt mehr gibt, das hinter allem steht und die Fäden seines Lebens in der Hand hält. Anders als im Märchen von des Kaisers neuen Kleidern gibt es hier wirklich immer neue Kleider, aber keinen Kaiser mehr. Endet so die Geschichte forcierter Freiheit? In der Unzahl der Möglichkeiten ohne Wirklichkeit?

Evangelische Frömmigkeit, sei sie theologisch oder kirchlich, gesellschaftsengagiert oder spirituell, wird sich hier nicht einfach aus der prekär gewordenen Freiheitsgeschichte verabschieden können, will sie sich, was manche fürchten, andere hoffen, nicht selber auflösen und meditationsgerecht «versenken». Die Frage ist, was bietet reformatorische Religion, wie jede Religion Produktionsstätte von lebenserschliessenden Symbolen, einem sich selbst unsicher, gar fremd gewordenen Subjekt als Glaubenshilfe fürs Überleben an?

3. Das seltsame Sprachspiel

3.1 Das Apostolikum und seine Paraphrasen

Die Einführung eines Glaubensbekenntnisses, des Apostolikums mit Paraphrase, in den Gottesdienst hat vor diesem Hintergrund die denkbar schlechtesten Karten. Sie geht, so scheint es, hinter die Geschichte der Freiheit des Glaubens wie des gelebten Lebens zurück. Sie greift zurück auf alte Schläuche, in denen der Geist nicht nur aufbewahrt, sondern unter Verschluss gehalten worden war. Sie bedient sich der bürgerlichen Mittel der Sprache und des gemeinsamen Sprechens. Sie verwendet die alte, theologisch belastete Terminologie und eröffnet damit wieder die Herrschaft der sprach- und theologiebegabten Kleriker und Hermeneuten des Heiligen. Sie liturgisiert die Glaubensnot, statt sie im lebendigen Leben aufzulösen. Sie hält den Zugang zur Gemeinschaft nicht offen für alle, sondern fordert ein Bekenntnis, das abzulegen ist, um dazuzugehören (während man es früher gerade abgelegt und weggelegt hat, um den Zugang nicht zu erschweren!). Kurz: Mit der Einführung eines Glaubensbekenntnisses tut man so, als gäbe es, was es nicht mehr gibt: das glaubende Subjekt, das sein Bekenntnis zu formulieren in der Lage ist.

Man wird diesen Einwänden, die oft viel zu zaghaft vorgetragen werden, nicht widersprechen können. Man wird aber zurückfragen müssen, wie denn überhaupt die Geschichte prekär gewordener Freiheit weitergespielt werden soll, wenn sie es wirklich soll und nicht einem egalitären Kommunitarismus geopfert wird? Welches sind die Spielzüge, die Freiräume schaffen? Und da es diese Freiheit nie in Reinform gibt, sondern immer vermischt, wie auch der Glaube nur Glaube ist, wo er sich einmischt ins Leben – welches sind die Zeichen, an denen sich evangelische Freiheit zeigen sollte, könnte, müsste? Wofür stehen «wir» als Kirche in der Öffentlichkeit gerade, wofür stehen «wir» ein, wenn dieses «wir» nicht einfach die Kirchenleitung sein soll? Will Kirche Schiff sein, wie es in manchen Gemeindeliedern heisst und manche Kirchenembleme suggerieren – um den einzelnen zu retten? Oder bietet sie Mandalas und Labyrinthe an für die Reise des verirrten Selbst zu sich? Oder hilft der Kult der Kerzen, um die Seelen aus der Dunkelheit ins Licht zu führen? Oder ist diese Symbolisierung zu liturgisch, so dass hier andere Zeichen gefordert sind und gesetzt werden müssen: Muss Kirche nicht Zeichen setzen für die Homosexuellen, um Hoffnungszeichen für das gefährdete Menschliche zu sein? Wird Homosexualität zum Bekenntnisakt? Oder ist das Kirchenspiel weder spirituell noch sozialethisch zu spielen, sondern durch die rechte Gesinnung, die gemeindegründend wirkt und Menschen zusammenführt? Oder sind solche besonderen Zeichen gerade zu verweigern? Genügt nicht, was immer genügt hat, dabeizusein durch Konfirmation und Kirchensteuer? Welche Zeichen also sollen am Ende für einen neuen Anfang, ein neues Spiel gesetzt werden? Woran soll jener, der sich selbst in seinem Glauben ungewiss geworden ist, orientieren, wo sich einfinden, wie sich «einmischen»?

Mit diesen Fragen findet man sich wieder im Kontext der Lehre von den «notae ecclesiae». Vier Kennzeichen wahrer Kirche sind zu nennen: «Wir glauben an die *eine, heilige, allgemeine* und *apostolische* Kirche.» (Glaubensbekenntnis von Nizäa-Konstantinopel; Evangelisch-reformiertes Gesangbuch Nummer 264). Dies war und ist ein genialer Spielzug rechter Kirchlichkeit: einzelne Gruppen, Gemeinschaften oder Gemeinden werden befreit davon, Kirche in sich selber zu verwirklichen, ihre Identität darstellen oder herstellen zu müssen. Was sie sind, ist ihnen vorgegeben und entzogen, die Wirklichkeit der wahren Kirche, die ihre Identität durch den Herrn der Kirche hat – eine Identität, die sich im Kontext des Glaubensbekenntnisses erschliesst. In diesem Kontext hat die empirische Gemeinschaft ihre Freiheit. Sie muss nicht erst ein himmlisches Modell verwirklichen, sondern ist in Wirklichkeit schon Kirche. Dieser Freiheit allerdings muss Kirche um ihres Glaubens willen sich immer neu vergewissern. Diese Notwendigkeit jedenfalls sahen im Blick auf abgründige Ungewissheit und unbegründete Scheinsicherheit der Gläubigen die Reformatoren und entdeckten so die Soteriologie als Horizont der Ekklesiologie, die Ekklesiologie im Dienste der Soteriologie, neu. Sie waren umgetrieben von der Frage, woran man diese wahre Kirche in der Wirklichkeit erkennt? In der katholischen Kirche steht als Garant der wahren Kirche das Amt des Papstes, des Bischofs, des Priesters, kurz das Amt in der Nachfolge Jesu Christi. Evangelischerseits jedoch musste und muss man ohne solche Garantien auskommen, ist und bleibt man zurückgeworfen auf das Wagnis der Freiheit, das bestanden werden will durch das Wort der Heiligen Schrift, das Glauben schafft und Gottesdienste feiern lässt, das zu Taufe und Abendmahl einlädt und zur Heiligung antreibt. Die wahre Kirche erschliesst sich in diesem Zirkel zwischen Wort und Wirklichkeit – und ist anders als so auch nicht zu erkennen. Es gibt keinen Schiedsrichter ausserhalb oder oberhalb des Spielfeldes, der garantiert, dass das Spiel regelgerecht gespielt wird. Hierin liegt die Not wie die Freiheit evangelischer Ekklesiologie. Hilfreiches dazu hat Luther in seiner Schrift «Von den Konzilien und der Kirche» (1539) festgehalten.

Die Einführung eines gottesdienstlich verwendeten Glaubensbekenntnisses könnte dabei hilfreich sein, sich in diesem Zirkel zurechtzufinden. Dies ist zu begründen.

3.2 Das Apostolikum ist ein Symbol ...

Die Einführung eines Glaubensbekenntnisses ist sicherlich ein seltsames Zeichen, das, wie alle Zeichen, nicht unumstritten ist. Aber es ist ein Zeichen, das zum evangelischen Glaubensstil passt. Das Apostolikum wird seit alters als eines der Symbole der Kirche verstanden. «Symbol»,

eigentlich und ursprünglich zwei Hälften eines Vertrages, meint jene Re-
deform, die in dieser Wirklichkeit verlässlich auf eine andere, die göttli-
che Wirklichkeit verweist. Und gerade dieses Symbol ist einem evangelisch-reformierten Frömmigkeitsstil durchaus verträglich: Nicht Kerze
oder Lehramt, nicht Gesinnung oder Geisterfahrung, nicht Tanz oder
Tradition, sondern verständliche, hilfreiche und heilsame, nämlich an-
sprechende Worte, Worte, in denen und mit denen man sich verständi-
gen kann, erschliessen die Gemeinschaft untereinander und mit Gott.
Nimmt man zudem die Vertragsmentalität als ursprünglichen Bekennt-
nis-Sinn an, passt dies nur umso besser zum reformierten Glaubensstil,
der vom Gedanken, besser noch von der Erfahrung des Bundes mit Gott,
den Erfahrungen der Verlässlichkeit, das Vertrauen schafft, geprägt ist.
Bekenntnis also als verbindliche Worte schliesst nicht etwa den liturgischen Tanz aus. Auch der darf in Freiheit sein, ist sogar ein Stück dieser
Freiheit; aber er ist gerade kein verlässliches Erkennungszeichen. Er kann,
nimmt man reformatorische Unterscheidungskunst auf, zu den Erkennungszeichen der wahren Kirche gehören, wie früher das ehrsame Leben
ein solches allgemeines Zeichen war. Aber an diesen allgemeinen Zeichen
der Zeit ist Gottes Gegenwart nicht gebunden und soll der Mensch auch
sein Heil nicht binden – im Unterschied zur festen Zusage der Gegenwart
Gottes in Christus Jesus.

3.3 ..., das Gott erschliesst ...

Das eigentliche Geheimnis des Bekenntnisses ist es wohl, dass man gerade nicht weiss, was man bekennen soll, dass man nicht Herr des eigenen Bekennens ist, sondern dass Gott als Herr dem Menschen gegenüber-
tritt und ihn befähigt, Gott als Herren und sich als Sünder zu erkennen
und so zu bekennen. Bekenntnis sammelt nicht das Wissen über Gott,
sondern ist Ausdruck einer neuen, ansprechenden Wirklichkeit in dieser
alten, vergehenden Wirklichkeit. Theologisch kann man sagen: Das Bekenntnis ist Ausdruck der Wirklichkeit der Freiheit. Diese drängt an,
drängt zur Sprache. Das Bekenntnis, so muss man formulieren, steht
nicht zur Disposition, sondern es disponiert den Menschen.

3.4 ... und von Menschen erschlossen wird.

Wo Gott die Menschen anspricht und sie zur Sprache befähigt, wird
diese Sprache immer hinter der Sache zurück, die Sache immer verborgen, treibend, erneuernd in ihr anwesend sein. So können sich Bekenntnisse ändern. Das Apostolikum ist nur ein Bekenntnis unter anderen, das
sich wiederum vielen kleinen Bekenntnissen verdankt. Man könnte dem
Apostolikum vorwerfen, in eine geistlose Aufreihung von Heilstatsachen
zu verfallen, die zudem nicht einmal vollständig ist, fehlt doch die jüdi-
sche Heilsgeschichte zur Gänze. Und doch hat das Apostolikum mit dieser Sammlung von Bekenntnissen ein kollektives Gedächtnis der Heilsgeschichte erschlossen, in der der Bekennende steht. Mögen die einzelnen

Bekenntnissätze auch geschichtlich zufällig sein, so stecken sie einen Raum kollektiven Gedenkens ab, in dem die Zufälle des Geschichtlichen miteinander ins Spiel gebracht, verbunden und so bewahrt werden können. Und es hat damit gegen menschliche Vergesslichkeit und Verdrängungslust Fixpunkte der Erinnerung geschaffen. Man könnte auch sagen: Spielregeln des Geistes der Freiheit. Gott Vater ist nicht ohne die Geschichte Jesu Christi zu haben, der Geist nicht ohne die Verbindung von Sohn und Vater. Die Kirche wird bei allem, was sie sonst gerne sein möchte, zurückverwiesen an Gott Vater, Sohn und Heiligen Geist – und schliesslich an das Bekenntnis des einzelnen: Ich glaube. Durch dieses Nadelöhr des Ich geht der Glaube, durch das Nadelöhr des Glaubens geht das Ich.

Doch auch diese Sätze, so hilfreich sie sind, sind keine Grundsätze für die Ewigkeit, sondern Sätze in der Zeit, die sich ändert. So haben die Reformatoren nicht neue Glaubensgrundsätze bekannt, sondern Glaubensgrundsätze neu bekannt – in neuer Form. Das Augsburger Glaubensbekenntnis von 1530 hat das *öffentliche Bekennen, das Bekennen en parrhesia*, entdeckt und damit der Kirche neue Sprache und Freiheit verliehen (auch wenn man sich dann in aller Freiheit innerevangelisch immer wieder widersprochen hat). Der Heidelberger Katechismus hat das *Bekennen des einzelnen* eingeübt und damit dem Glaubenden Sprache verliehen gegenüber jedweder Bevormundung, nicht zuletzt durch die Kirche. Denn wer erst einmal Rede und Antwort stehen musste im Glaubensverhör, kann auch Rede und Antwort stehen in den Fragwürdigkeiten dieser Welt. Die Barmer Theologische Erklärung von 1934 schliesslich hat der Kirche *Sprache gegeben gegenüber der Macht des Staates und der Übermacht des Faktischen*. Was verleiht heute Sprache, was lässt schweigen, ohne dabei mundtot zu werden? Welche Form des Bekennens dient heute der Entdekkung und Wahrung evangelischer Freiheit?

3.5 Das paraphrasierte Apostolikum – ein Zürcher Sonderfall

Ob das paraphrasierte Apostolikum wirklich eine Fortschreibung der reformierten Bekenntnistradition wird, ist offen. Der Vorstoss wirkt zumindest seltsam unentschieden. Festgehalten wird zum einen an alten Formen und Formeln, die nicht in moderne Sprache übersetzt und so aufgehoben werden, zum anderen an modernen, gruppenorientierten Sprachformen. Festgehalten wird einerseits an einem ökumenischen Symbol der Christenheit; und zugleich werden Zürcher Sonderwege, Einzelfälle von Gruppen oder sogar Einfälle einzelner eingefügt. Festgehalten wird daran, dass man es gemeinsam spricht als Antwort auf Gottes Wort; zugleich soll man es im Wechsel sprechen. Festgehalten wird an einem verbindlichen Sprachspiel; und doch öffnet man das verbindliche Sprachspiel, dass viele, vielleicht eines Tages zu viele divergierende, sich ausschliessende Sprachspiele jede Verbindlichkeit aufheben. Man nimmt den postmodernen Bekenntnisdrang auf – und löst ihn gegen alle Vereinheitlichung zugleich wieder auf in die Vielfalt von Sprachformen. Man hält fest am Vertrauten, das mittlerweile fremd geworden ist, jenem Sprach-Gestus des «Ich glaube» - und verbindet damit die Hoffnung, dass einem die eigene Fremdheit, zumindest diese, wieder vertraut wird. Man setzt, als Spielfigur zumindest, das verlorene Ich wieder ein - und lässt es zugleich mehrere Sprachen sprechen: fremde, eigene.

Man wird in einem paraphrasierten Apostolikum kaum einen grossen theologischen Wurf sehen können, auch keine machtvolle, von oben verordnete Wiedergewinnung des reformierten Erbes. (Und man möchte einfügen: Gottseidank! Und wer hier dennoch Gefahren sieht, sollte prüfen, ob es sich dabei nicht um eigene verdrängte Wünsche handelt.) Und schon gar nicht ist es der Gestus des kirchlich-theologischen Wissens, der hier in das Bekenntnis einführt und zum Bekenntnis führt. Auch wird hier nicht von pfiffigen Fachleuten ein ekklesiales Firmenlogo entwickelt, um Identität zu stiften und Anteile auf dem Markt des Religiösen zu sichern. Zu diesem Bekenntnis kommt man, indem man das, was an Bekenntnis da ist, an Bruchstücken alten und neuen Bekennens, an Bekenntniszwang und Bekenntnisfreiheit, aufnimmt. Zum Bekenntnis kommt man, indem man sich zu dem bekennt, was ist. Und das, was ist, ist vielfältig. Diese Vielfalt ist gewachsen auf dem Boden der Freiheit. Und auf diesem Boden ist eben eine Vielzahl verschiedener Glaubensbäumchen gewachsen: unterschiedliche Werthaltungen, divergierende Vorstellungen davon, was einem wichtig ist, was nicht, implizite Bekenntnisse. Dies wird man nicht rückgängig machen, weder wollen noch können. Aber man wird die einzelnen Glaubenskonzepte auch nicht in satter Selbstgenügsamkeit für sich bestehen lassen dürfen, so wenig auch der einzelne Massstab seines eigenen Glaubens sein kann. Man wird die einzelnen Perspektiven und Personen aus ihrer manchmal lustvollen, manchmal belastenden Selbstzentriertheit herausfordern in die gemeinsam zu verantwortende, gemeinsam zu bekennende Freiheit - und dabei feststellen, ob und wie man sich in einer Kirche wiederfindet. Das paraphrasierte Apostolikum ist dafür ein passendes Symbol, ein adäquates Erkennungszeichen für jene Art bestimmter Unbestimmtheit, die in aller Deutlichkeit Freiräume für Vieldeutiges schafft. (Und das ist allemal besser als jene unbestimmte Bestimmtheit, die mehr an Eindeutigkeit des Glaubens wie der Kirche vorgibt, als in Wirklichkeit dann einzuhalten ist.) Gerade durch dieses Moment der bestimmten Unbestimmtheit, durch dieses Festhalten an Unterschiedlichem, durch dieses Zusammenfügen von Divergentem könnte dieser Entwurf der Situation der Zürcher Kirche entsprechen, ohne diese in Sprachlosigkeit verfallen zu lassen. Gerade dieses Bekenntnis in Sätzen und Gegensätzen, in Spruch und Widerspruch, könnte in aller Freiheit die Sprache des Widersprüchlichen sein und so lebendig halten. Auch dies wäre - ein Zürcher Sonderfall. Und doch wieder nicht: Bekenntnisse entstehen nicht von oben, sondern von unten, nicht als Machtwort, sondern als Möchte-Worte, Worte, die Möglichkeiten prüfen. Ob es gelingt, wird sich weisen. Die Lust dazu, der Wagemut, sie verbinden offenbar die Autoren der älteren wie der jüngeren Theologengeneration, die Männer wie die Frauen, Positive wie Liberale - und jene immer grösser werdende Zahl von Einzelfällen. Freilich mögen die Gründe für einen solchen Versuch unterschiedlich, manchmal sogar gegenläufig sein - aber: ändert das etwas? Der Konsens begründet nicht das Bekenntnis, sondern das Bekenntnis des Glaubens geht allemal dem theologischen Konsens voraus - wie die heilsame Wirklichkeit allererst die Suche nach den guten Gründen für diese ermöglicht.

Ob mit dieser bestimmten Unbestimmtheit, dieser Offenheit - gegen die Intention - am Ende wieder alles möglich wird und damit ein gemeinsames Bekenntnis unmöglich? Das ist die Gefahr, die manche Autoren dieses Bandes sehen - und zugleich die Chance. Ohne Risiko kein Gewinn. Den Schatz im Acker holt der, der seinen Einsatz wagt. Um dies in Erfahrung zu bringen, die Spiele der Kirche auf ihre Ernsthaftigkeit, die Regeln auf ihre Gültigkeit hin zu überprüfen, ist der einzelne mit seinem «Ich glaube» wieder am Zuge. Er - oder sie - der eigenen Rede nicht mächtig, des eigenen Bekennens unsicher, wird durch die eigentümlich fremde Sprachform des Bekennens, durch den befremdlichen Gestus gemeinsamer Sprache, die nur noch vereinzelt, aber nicht dem einzelnen mehr glücken will, durch die Entdeckung kollektiven Gedenkens, das auch die verlorengeglaubte Freiheit in Erinnerung ruft, wieder ins Spiel gebracht. Und wer weiss: Vielleicht hat Gott selber dabei seine Hand im Spiel?

Pilotprojekt

Glaubensbekenntnis 1

LiturgIn
Ich glaube an Gott,
den Vater, den Allmächtigen,
den Schöpfer des Himmels und der Erde.

> *Gemeinde*
> Wir glauben, dass Leben Geschenk ist.
> Dass *Gott* ins Dasein ruft und im Sein erhält.
> Die Macht der Macher hat Grenzen.

LiturgIn
Und (ich glaube) an Jesus Christus,
Gottes eingeborenen Sohn, unsern Herrn:
empfangen durch den Heiligen Geist,
geboren von der Jungfrau Maria,
gelitten unter Pontius Pilatus,
gekreuzigt, gestorben und begraben;
hinabgestiegen in das Reich des Todes,
am dritten Tage auferstanden von den Toten,
aufgefahren in den Himmel;
er sitzt zur Rechten Gottes, des allmächtigen Vaters;
von dort wird er kommen,
zu richten die Lebenden und die Toten.

> *Gemeinde*
> Wir staunen über das Geheimnis,
> dass Gott sich mit uns verbindet.
> Dass er sich aufs Spiel setzt,
> und Mensch wird durch Maria, die Frau.
> Dass er den Weg der Freude und des Leids vorangeht,
> die Liebe zum Leben durchhält,
> an Menschenmacht zerbricht,
> sich hingibt und stirbt.
> Was bleibt ist sein Leben, nicht der Tod,
> die Gewissheit, dass Gottes Liebe das letzte Wort hat.
> In ihrem Licht werden wir alle erscheinen.
> Der Lebendige vergisst nicht die Opfer des Unrechts.
> Er beendet die Herrschaft der Herren.

LiturgIn
Ich glaube an den Heiligen Geist,
die heilige, allgemeine, christliche Kirche,
Gemeinschaft der Heiligen,
Vergebung der Sünden,
Auferstehung der Toten
und das ewige Leben.

> *Gemeinde*
> Wir vertrauen der Kraft, die alles belebt,
> die Gemeinschaft schafft über Grenzen hinweg.
> Wir glauben nicht an den Tod.
> Verheissen ist Leben.
> Amen.

LiturgIn
Amen.

Glaubensbekenntnis 2

Ich glaube an Gott	*Geheimnis des Lebens*
den Vater	*die Mutter, schon vor mir da, beschützend und stärkend, mir zugewandt*
den Allmächtigen	*nicht Macht der Mächtigen, aber Lebensmacht in allem*
den Schöpfer des Himmels und der Erde	*gestaltende, erneuernde Kraft ist Gott*
und an Jesus Christus	*Licht des Lebens*
seinen eingeborenen Sohn	*verwandt im Ursprung, aus ihm gesandt*
unseren Herrn	*nicht hörig machst du, sondern schenkst Freiheit*
empfangen durch den Heiligen Geist	*Sehnsucht Gottes, in dir zur Welt gekommen* *Sehnsucht der Welt, die dich aufgenommen*
geboren von der Jungfrau Maria	*uns Menschen wurdest du ganz anvertraut*
gelitten unter Pontius Pilatus	*nichts hast du umgangen, auch was wir einander antun, du hast es getragen*
gekreuzigt, gestorben und begraben	*in tiefste Ohnmacht hineingesenkt. Mit uns, in deiner Liebe, in unserer Ohnmacht*
hinabgestiegen in das Reich des Todes	*war auch für dich nun alles zu Ende?*
am dritten Tage auferstanden von den Toten	*da offenbarte sich: in dir ist Neuschöpfung*
aufgefahren in den Himmel	*nichts kann dich halten*
er sitzt zur Rechten Gottes	*Licht zum Lichte*
des allmächtigen Vaters	*Liebe, die alles entmachtet*
von dort wird er kommen	*so haben auch wir Zukunft*

zu richten die Lebenden und die Toten	*aufrichten wirst du, was von uns geknickt und an uns zerstört ist*
Ich glaube an den Heiligen Geist	*Kraft des Lebens*
die heilige, allgemeine, christliche Kirche	*lebendige Vielfalt nur schafft ein Ganzes*
Gemeinschaft der Heiligen	*denn glauben und lieben können wir nicht für uns allein*
Vergebung der Sünden	*wo wir Gott vertrauen, beginnt auch für uns das Neue*
Auferstehung der Toten	*weil wir in Christus leben, heute und morgen*
und das ewige Leben Amen	*Geheimnis Gottes*

Was muss ich kennen, um zu bekennen?

Fachpersonen im Gespräch zur Bekenntnisfrage

Esther Hürlimann

Die Wiederaufnahme des Bekennens wirft verschiedene Fragen auf: theologische, musikalische, sprachliche, liturgische, dramaturgische. Pfr. Dr. Matthias Krieg und Dr. Hans Jürgen Luibl, Mitherausgeber von denk-Mal, haben vier Fachpersonen eingeladen, um mit ihnen aus ihrer Perspektive die Idee einer Wiederaufnahme des Bekennens, das auf einem paraphrasierten Apostolikum beruht, zu diskutieren. Sie trafen sich am 11. Januar 1999 in Zürich zu einer zweistündigen Gesprächsrunde, deren Aufzeichnung in gekürzter Form in diesem Beitrag wiedergegeben ist. Der mündliche Charakter des Gesprächs wurde bewusst beibehalten.

Die Teilnehmer:

Werner Geiger ist Sprecherzieher DGSS (Deutsche Gesellschaft für Sprecherziehung und Sprechwissenschaft). Er war während vielen Jahren Sprechausbildner an der Schauspielakademie Zürich. Jetzt arbeitet er mit Leuten, die bei Radio DRS am Mikrofon sind, auch mit den Radio-Predigerinnen und -Predigern.

Prof. Dr. Albrecht Grözinger wurde eingeladen zum Bereich Praktische Theologie, Theologie und Ästhetik. Er hat soeben ein Buch publiziert zur Frage der Zukunft der Kirche, mit dem Untertitel: ‹Anstiftungen für das Christentum in postmoderner Gesellschaft›.

Pfr. Hans-Jürg Stefan ist Beauftragter der Gesangbuchkonferenz und leitet in der Zürcher Landeskirche den Fachbereich Gottesdienst und Musik. Er beschäftigt sich seit vielen Jaren mit liturgischen Fragen

Prof. Dr. Klaus Weimar ist Titularprofessor für deutsche Literaturwissenschaft an der Universität Zürich. Als Germanist wird er die Apostolikums-Paraphrasen als Text beurteilen. Er hat im Nebenfach reformierte Theologie studiert und ist Mitglied der lutherischen Kirche.

Hans Jürgen Luibl: Aufgabe dieser Diskussionsrunde ist es, ein kritisches Gespräch zur Idee und Durchführung von Apostolikums-Paraphrasen in Gang zu bringen, und zwar unter den verschiedenen Gesichtspunkten derer, die hier versammelt sind. – Und wenn es sich ergibt, würde ich mit

Ihnen gerne auch über die vorliegenden Beispiele sprechen (vgl. Seiten
75–80).

Ein paraphrasiertes Apostolikum in den Gottesdienst einzuführen, ist ein
sehr spannendes aber auch sehr risikoreiches Unternehmen. Denn ein
Apostolikum zu paraphrasieren – und das nicht nur für mich selber zu
machen, sondern in den öffentlichen Gebrauch eines Gottesdienstes ein-
zuspannen – birgt Gefahren. Dass nämlich das, was Apostolikum, Glaubensbekenntnis ist, auf eine Weise verändert wird, die dem Sinn dieses
Textes gar nicht gerecht wird. Dass wir zerreissen, was Bekenntnis ist, und
nicht das bekommen, was wir wollten, nämlich eine Ermöglichung von
neuer religiöser Sprache.
Es ist also keineswegs so, dass wir schon wissen, worauf wir uns eingelas-
sen haben. Wir setzen das Apostolikum aufs Spiel: Wir setzen es ein, um
Sprache und Sprachfähigkeit zu gewinnen, Tradition fortzuschreiben,
mehr Verbindlichkeit zu bringen. Und die Frage geht jetzt an Sie: Kann
dieses Spiel funktionieren? Oder welche Regeln sind einzuhalten, damit
es funktioniert?

Hans-Jürg Stefan: Mir hat die Idee sogleich eingeleuchtet. Nämlich im
Blick auf das, was Liturgie eigentlich ist: ein Dialog in verschiedener Hinsicht, Dialog nicht nur in der Vertikale, sondern auch Dialog unter denen, die da feiern. Wenn es gelingen könnte, einen klassischen Text in
den Dialog zu bringen mit dem, was wir heute darüber wirkungsge-
schichtlich reflektieren, könnte das eine sehr faszinierende Übung sein.
Mir hat auch eingeleuchtet, dass die Beteiligung der Gemeinde unterstri-
chen wird, was ja auch die Grundüberlegung im neuen Gesangbuch ist:
Es soll die Gemeinde noch mehr und intensiver instandstellen, den Gottesdienst mitzugestalten und zu tragen.

Albrecht Grözinger: Ich finde das Unternehmen sehr spannend und
denke, man sollte sich auf jeden Fall auf eine Erprobung einlassen. Vor-
ausschicken möchte ich jedoch die Frage: Was ist eigentlich das Motiv,
dass eine Schweizer Kantonalkirche gerade jetzt daran denkt, das Bekenntnis im Gottesdienst wieder einzuführen? Es ist ja für mich zunächst
einmal gegenläufig zu vielen Wahrnehmungen. Mich würde interessieren,
wer will eigentlich, dass ein Bekenntnis in den Gottesdienst kommt? Und
ist es die geeignete Form, in der heute Menschen Verbindlichkeit ausdrücken? Denn das ist für mich die grundsätzliche Frage: Wie kommt
heute so etwas wie Verbindlichkeit zustande. Müsste das nicht über die
ästhetische Form von Fragmenten gehen? Oder kommt Verbindlichkeit
über das Ganze zustande? Und weshalb das Apostolikum? Drückt das
altkirchliche Apostolikum nun wirklich die reformierte Identität auf besondere Weise aus? Denn das Apostolikum ist ja gerade das die Christenheit Verbindende.

Werner Geiger: Ich möchte zunächst nicht vom Fach, sondern von mir
selber und meiner reformierten Vergangenheit erzählen: Aufgewachsen

bin ich im Kanton Appenzell-Ausserrhoden mit der reformierten Sonntagsschule dort, dann der Konfirmationsunterricht im Kanton Aargau, und zur Konfirmation eingeladen mit der Aufforderung, die Taufe zu bestätigen. Der Pfarrer sagte: Am Sonntag der Konfirmation werde ich einen oder eine von euch aufrufen, und eine oder einer von euch wird das Bekenntnis öffentlich auswendig hersagen. Denn in der reformierten Kirche in den 50er-Jahren herrschte ein Bekenntniszwang. Wir wurden nicht gefragt, bekennst du das, oder müsste das für dich anders lauten. So habe ich mir gesagt: Was soll ich plötzlich Dinge bekennen, von denen ich weder in der Sonntagsschule noch im Konfirmandenunterricht irgend etwas als spezifisch reformiert erfahren hätte? Das war eine theologische Fachsprache, die für mich zu fremd war. So kam es zu meinem ersten religiösen Protest, und ich habe es darauf ankommen lassen. Ich habe es nicht auswendig gelernt, und ich habe gemerkt: Ich «schlüpfe» in dieser Kirche. Ich wurde konfirmiert.

Klaus Weimar: Meine Erfahrung mit solchen Bekenntnissen ist eine etwas ambivalente. In den lutherischen Kirchen gehört es bei jedem Gottesdienst dazu, dass an einer fixierten Stelle die ganze Gemeinde das Bekenntnis kollektiv spricht. Dabei ist mir immer etwas unwohl zumute, weil sich diese Texte im Laufe der Jahrzehnte in Winzigkeiten ändern. Wenn man irgendwo in einen Gottesdienst hineinkommt, und die reden eine leicht abweichende Fassung, und man rezitiert die gelernte, dann hat man plötzlich einen leeren Raum um sich. Deshalb finde ich es an sich sehr gescheit, die Rezitation der Hauptformel dem Pfarrer zu überlassen, damit diese Peinlichkeit nicht eintritt. Wenn man die Responsion von Seiten der Gemeinde mit einbeziehen will, dann müsste das wahrscheinlich nicht auswendig gelernt werden, sondern auf einem Extrablatt im Gesangbuch liegen. Wenn man einen Gottesdienst als eine Art Theateraufführung ohne Zuschauer bzw. mit einem Zuschauer ansieht, dann ist die Gemeinde der Chor, und der Pfarrer oder Priester ist der Chorführer oder allenfalls auch ein Protagonist. Und man weiss es aus der Geschichte des antiken Chores, dass so ein Chor eine sehr aufwendige und teure Sache war, weil die Leute nämlich trainiert werden mussten, das zu sprechen, was sie gemeinsam sprechen sollen.

Matthias Krieg: Das ist die eine Frage: das Einstimmen-Können. Es als Individuum können, und dann aber auch technisch. Die Anspielung auf die griechischen Chöre ist auch eine Frage, ob das technisch möglich ist. Kommt da was Hörbares raus?

Werner Geiger: Ich denke noch an einen Schritt vorher. Was will ich sagen in der Paraphrase. Wenn wir die nicht einfach als eine Übersetzung, eine Erweiterung oder als eine Erläuterung denken. Was bekenne ich in Setzung und Gegensetzung oder Wort und Antwort. Und wo ich ebenfalls eine unheimlich grosse Arbeit sehe: Sobald es chorisch sein muss, muss es inhaltlich und sprachlich eine Übereinstimmung geben. Wo finde ich zwei Leute, die sich mit den gleichen Worten in der gleichen Reihenfolge bekennen mögen, wenn ich sie auffordere, in Freiheit und von sich aus das zu suchen. Ich sehe dies schon bei meiner Arbeit am Radio. Wenn ich mit einem Journalisten zusammen eine kleine Textstelle mündlicher formulieren will, ist das eine riesige Arbeit, wenn wir es zu zweit machen.

Hans-Jürg Stefan: Ein kleiner Nachtrag zur Frage, woher der Wunsch kommt, das Bekenntnis wieder zu verwenden. In der Schweizerischen Evangelischen Synode 1983-87 und der Zürcher Disputation 84 kamen von der Basis starke Impulse: Wir wollen wieder über das Bekennen nachdenken. Ich könnte mir in der Praxis vor allem zwei gute Möglichkeiten vorstellen: Eine kleine Gemeindegruppe erarbeitet einen Text, den sie gemeinsam einstudiert und vorträgt. Diese Aufgabe könnte dann in der Gemeinde rotieren von Gruppe zu Gruppe.

Matthias Krieg: Du hattest es schon gesagt: warum nicht die Protagonisten umkehren? Das heisst, die eine Person vertritt die Paraphrase, und die Gemeinde würde den besser angewöhnbaren und über bald 2000 Jahre überlieferten Text sprechen. Das wäre ein Vorschlag zur Entschärfung.

Albrecht Grözinger: Das wäre zumindest eine Überlegung wert. Ich möchte die beiden Voten aufgreifen und sie nochmals von der praktischen Theologie her verstärken. Wenn ich es recht verstanden habe, war ja die Frage, wie gehen die Menschen, die den Gottesdienst besuchen, mit den Vorschlägen um. Dabei müssen wir auch berücksichtigen, dass in unseren westlich pluralen Gesellschaften die Gottesdienstgemeinde sehr vielfältig zusammengesetzt ist. Wir haben noch einen kleinen Kernbestand von Menschen, die regelmässig zum Gottesdienst gehen. Mit denen könnte man so etwas machen. Wir haben jedoch zunehmend Leute im Gottesdienst, die ein- oder zweimal im Jahr in den Gottesdienst gehen. Und ich befürchte, dass sich diese Leute schon rein von der Liturgie her überfordert oder gar ausgeschlossen fühlen. Ich denke, da muss noch viel Phantasie dafür verwendet werden, wie man so was machen kann - eine Liturgie, die auch Leuten zugänglich ist, die als Fremde in den Gottesdienst kommen. Darauf müssen wir in der Gestaltung Rücksicht nehmen: Gottesdienste sind nicht nur für die, die regelmässig in den Gottesdienst gehen, sondern gerade auch für die fremden Gäste, die zunehmend in unseren Gottesdiensten drin sind.

Werner Geiger: Ich höre das sehr gerne. Das ist genau das, was ich den Radiopredigern über die besondere Sprechsituation am Radio sage - die gilt eigentlich jeden Sonntag.

Matthias Krieg: Sie gilt auch in einer anderen Hinsicht. Der Kreis der Gottesdienst-Gewohnten, von denen man sagen kann, die vertragen mehr als «Liturgie light», der kommt allmählich in die Jahre. Also die Aktivbeteiligten, das sind mehrheitlich die Fremden.

Albrecht Grözinger: Wobei ich mich ein bisschen gegen den Ausdruck «Liturgie light» wehre, weil ich denke, es kann liturgisch gehaltvoll sein, aber es muss mit den Menschen rechnen, die in den Gottesdienst kommen. Dies erfordert zwei Bedingungen: es verstehen können und sich nicht ausgeschlossen fühlen. Das wären für mich zwei wichtige Kriterien.

Hans-Jürg Stefan: Es muss so elementar sein, dass eine nicht eingeweihte Person, die zufällig hineinsitzt, ja dazu sagen kann.

Werner Geiger: Von daher ist vielleicht auch das Muster, dass die Stimme der Liturgie das Althergebrachte sagt und die Gemeinde das Responsorium chorisch macht, ein bisschen zu einfach für die reale Situation, in der ein solcher Gottesdienst stattfindet. Ich könnte mir aber ganz viele Spiegelungen vorstellen. Dass beispielsweise im Responsorium eine Zeile aus dem Apostolikum wieder erscheinen kann. Oder dass es chorische Elemente gibt im Responsorium und auch solistische, vielleicht sogar einander widersprechende, wenn eine Müttergruppe oder eine Konfirmandengruppe als Autorengruppe für so eine Inszenierung zeichnet.

Hans-Jürg Stefan: Oder dass der Text mit einem Lied verklammert wird – mit einem liturgischen Ruf oder so. Ich könnte mir «Christ ist erstanden» als Gliederungselement vorstellen – gesungen von der Gemeinde – und das Apostolikum gesprochen von einer Einzelperson.

Matthias Krieg: Ich möchte noch etwas ergänzen oder zurückfragen. Zur Tatsache, dass wir in der Postmoderne leben, die uns klargemacht hat, dass es die *eine* Geschichte nicht mehr gibt sondern nur Fragmente. Die Pilot-Gruppe von Witikon, bestehend aus fünf Leuten (zwei Pfarrer und drei Kirchenpfleger), hat ihr Ergebnis ganz klar als Fragment deklariert. Sie haben unabhängig voneinander gesagt, ihr Ziel sei nicht gewesen, Zeile für Zeile aus dem traditionellen Text zu paraphrasieren, sondern Pointen, also Zuspitzungen zu formulieren.

Hans Jürgen Luibl: Das Spannende an dieser Diskussion finde ich, dass Sie nun sehr stark den Aspekt der Hörer, der Mitfeiernden einbringen. Ich sehe erst jetzt, dass genau die Form eines paraphrasierten Glaubensbekenntnisses durchaus etwas zu tun hat mit der freiheitlichen und fragmentarischen Form von kirchlicher Existenz. Die Frage für mich bleibt aber, durch welche Technik, durch welche Grundlagenreflexion schaffen wir es, dieses sehr offene Geschehen zu integrieren – nicht um der Wahrung des Apostolikums willen, sondern um der entstehenden Gemeinschaft im Gottesdienst willen.

Albrecht Grözinger: Die Grundintention dieser Frage lautet doch: Wie schaffen wir es, diesen alten Text, den wir gerne wieder in den Gottesdienst reinnehmen möchten, so in den Gottesdienst einzubringen, dass er nicht als *geschlossene* Story begriffen wird, sondern als etwas, zu dem ich mich von meiner Erfahrungswelt her in Beziehung setzen kann. Um den Weg zu weisen, wie das meiner Ansicht nach gelingen könnte, sage ich jetzt etwas Ketzerisches: Überlegt euch doch, das Apostolikum in gesungener Liturgie zu machen, weil es dadurch ästhetisch gebrochen wird. In der Pubertät hatte ich unheimlich Schwierigkeiten, das Glaubensbekenntnis zu sprechen, weil es mir in diesen wuchtigen Sätzen entgegenkam. Ich hatte sehr viel weniger Schwierigkeiten mit drei Apostolikumsliedern aus dem alten württembergischen Kirchengesangbuch. Durch die Melodie war das in der Weise ästhetisch gebrochen, dass ich einen neuen Zugang finde, und das Ganze mir nicht so als geschlossene Einheit «Friss oder Stirb» entgegenkommt, sondern als ein offener Prozess.

Matthias Krieg: Die Pointe der Idee ist, der Entweder-Oder-Falle zu entgehen – also entweder die reine Wiederaufnahme des alten Bekenntnisses oder die Verwendung eines eigenen völlig neuen, deren es wie Sand am Meer gibt. Das wäre auch nicht reformiert, ein Bekenntnis, unter dem der Name eines Autors, einer Autorin steht. Daraus entwickelte sich die Idee, den Formulierungen des alten Textes nicht auszuweichen, das heisst, wir machen nicht aus Gott eine Frau, wir streichen die Allmacht und die Jungfrauengeburt nicht, aber ich halte es für möglich, in der Paraphrase zu sagen, dass wir mit dem Stichwort Allmacht heute nichts anfangen können.

Hans Jürgen Luibl: Können Sie, Herr Weimar, uns etwas dazu sagen, was das literaturwissenschaftlich gesehen eigentlich heisst, eine Paraphrase zu machen? Was sagen wir in der Paraphrase eigentlich?

Klaus Weimar: Es hat früher im Lateinunterricht die Übung gegeben, Texte zu paraphrasieren, und zwar mit der Funktion, sich den fremden Text anzueignen. Die Aufgabe lautet, eine Formulierung hinzusetzen, von der man dann in einem nächsten Schritt sehen kann, ob sie tatsächlich dem Paraphrasierten in möglichst vielen, wenn nicht gar in allen Teilen, entspricht. Es ist also der Versuch, Äquivalenz herzustellen auf eigene Faust. Paraphrasieren ist sozusagen der Versuch, das fundamentale Verständnis des fremden Textes mit eigenen Worten zu erklären.

Werner Geiger: Wenn ich die vorliegenden Texte lese, dann merke ich viel Bemühen dahinter, den *Wortlaut* zu paraphrasieren, jedoch nicht das fundamentale Verständnis. Ich denke, da müsste eine Haltung gefunden werden, die sehr frei umgeht mit dem Begriff der Paraphrase – eine Auseinandersetzung, die unter den Übersetzern sehr aktuell ist. Dort stellt sich die Frage: Müssen alle Wörter und Bilder, die in dieser fremden Sprache drin sind, dann auch in der Übersetzung wieder erscheinen?

Matthias Krieg: Da stellt sich die Frage, worin soll die Paraphrase dem Apostolikum kongenial sein und worin nicht. Mich regen Übersetzungen von Lyrikern auf, bei denen ich das Gefühl habe, sie wollen noch genialer sein als die Vorlage. Dieser Wunsch nach Kongenialität kann plötzlich komödiantisch werden. Wo also muss die Paraphrase sich entfernen und wo muss sie etwas aufnehmen. Das ist für mich eine offene Frage.

Klaus Weimar: Ich glaube, da ist eine wesentliche Anforderung dabei, die eine solche Paraphrase zum Beispiel von Lyrikübersetzungen unterscheidet. Für die Lyrikübersetzung muss der Übersetzer einstehen. Dies hier sind Paraphrasen, die für ein Kollektiv sprechbar sein sollen. Und das macht das Unternehmen unerhört schwierig, etwas zu finden, was selbst ab Blatt alle guten Gewissens sprechen können.

Matthias Krieg: Eines hatten wir an den zwei Abenden mit den Pfarrerinnen und Pfarrern besprochen: Die Paraphrase darf nicht eine Versammlung aller theologischen Loci sein, die man vor vielen Jahren einmal gelernt hat. Die Gruppe soll entscheiden, auf welche Loci des Textes sie eingehen will und auf welche nicht.

Hans-Jürg Stefan: Ich denke noch immer an Herrn Grözingers Votum zum Singen. Mir kommt ein Wort von Huub Oosterhuis in den Sinn: «Singen heisst, sich in ein grösseres Ganzes einfügen, mit anderen einstimmen und dabei Worte verwenden, die man allein niemals verwirklichen kann, an die man sich nur gemeinsam mit anderen heranwagt.» Ich werde durch das Singen sozusagen überlistet, grosse, schwierige Texte auszusprechen und merke vielleicht erst hinterher, was ich gesagt habe. Wir haben im neuen Gesangbuch einige Glaubenslieder, die versuchen, das Apostolikum oder das Nizänum paraphrasiert singbar zu machen. Ich sehe darin eine gute Möglichkeit, es im Lied zu singen. Die Reformatoren haben das Credo und andere Hauptstücke der Messe der Gemeinde zum Singen in den Mund gelegt.

Albrecht Grözinger: Ich finde es völlig richtig, was Herr Weimar sagt: An die Paraphrase wird im Gegensatz zu einem poetischen Text der Anspruch erhoben, dass sie im Kollektiv sprechbar sein muss. Und da scheint sich mir das spezifische Problem anzumelden: In allen vorliegenden Vorschlägen scheint meinem Eindruck nach eine eindeutig identifizierbare theologische Position durch, die andere ausschliesst. Ich befürchte daher, dass diese Texte eher eine spaltende Funktion haben. Deshalb finde ich interessant, darüber nachzudenken, ob man das Ganze nicht doch noch mal umkehrt und sagt: Die Gemeinde spricht das Apostolikum. Dann nämlich ist es gar kein Problem, wenn z.B. eine bestimmte Gruppe sagt: Wir als Gruppe möchten jetzt unseren Zugang zu diesem Apostolikum formulieren. Da würde ich nämlich nicht für diese Worte in Anspruch genommen.

Werner Geiger: Dann wäre das Apostolikum musikalisch gesehen Basso continuo oder der ewige Rap. Und daraus schwingen sich Einzelstimmen oder Kontrachöre heraus oder dagegen.

Matthias Krieg: Das leuchtet mir ein. Wir werden das ausprobieren.

Albrecht Grözinger: Das gilt sowieso grundsätzlich für liturgische Sachen. Wir können hier zwar diskutieren und Fragen formulieren, aber man muss es ausprobieren. Erst dann zeigt sich, ob es trägt oder nicht.

Werner Geiger: Noch etwas: So in der Spanne zwischen Sprechen und Singen gibt es ja noch eine ganze Reihe von Zwischenformungen. Für Viele ist es schon eine starke Formung, wenn sie etwas gesprochen reproduzieren. Etwas, das auf dem Blatt steht, ist eine andere Formung als etwas, das ich im Dialog im Moment produziere. Da ist das Moment der Wiederholung drin – damit das Moment der Formung im Phonetischen, im Rhythmischen, im Stimmlichen – gerade wenn man es chorisch macht im Gemeinsamen. Und bei all diesen rhythmischen Formen, diesen Rap-Formen – die übrigens nicht so neu sind, die findet man in der ganzen poetischen Geschichte – muss man auch daran denken, was der Dialekt für eine Funktion hätte. Was für einen Schritt machen wir Deutschschweizer im Schritt vom Dialekt in die Schriftsprache.

Matthias Krieg: Ich würde nun gerne zu den vorliegenden Texten übergehen und kurz erklären: Das erste Blatt hat eine Gruppe der Kirchgemeinde Witikon in dreimal zwei Stunden erarbeitet. Das scheint mit wichtig: Dieser Vorschlag ist keine Leistung von zehn oder zwanzig Sitzungen, sondern in dreimal zwei Stunden von fünf Leuten erarbeitet worden: von zwei Theologen, drei Laienpersonen, Kirchenpfleger, dabei auch eine Frau. Sie haben so angefangen, dass sie gesagt haben, jede Person überlegt für sich, was ihr am Apostolikum nicht gefällt, was sie herausfordert, was sie am schönsten findet. Das wurde zusammengetragen, und das ist das Ergebnis. In der Form strebten sie Kongenialität an und haben den trinitarischen Aufbau des Apostolikums zugrunde gelegt, also Vater, Sohn, Heiliger Geist. Und was sie gemacht haben, ist, sie haben es sehr betont: beim Schreiben immer gesprochen, um möglichst Identität zwischen Aussage und Atemtakt hinzubringen. Ganz anders gearbeitet hat die Frauengruppe. Im Endeffekt waren es zwei Pfarrerinnen und eine ältere Dame, eine ehemalige Synodale, die sehr aktiv ist in der Kirchgemeinde. Faktisch haben sie sich nicht geeinigt, sondern sie haben eine Kombination aus zwei Texten gemacht. Da haben wir also keinen Einigungstext, sondern zwei individuelle Texte. Und was ich spannend finde daran: Wir haben nun beide Extreme: sowohl die Paraphrasierung nach grossen Blöcken als auch die Total-Paraphrasierung bis zur Aufteilung der Zeilen. Wir haben dann auch beides gelesen, und das Ergebnis war eindeutig. Der erste Text wurde für brauchbar angeschaut (Seiten 75–76). Den anderen haben wir zurückgestellt, da er als Auflösung des Apostolikums empfunden wurde (Seiten 77-78). Mein Vorschlag ist, dass wir jetzt von verschiedenen Perspektiven her die vorliegenden Texte beurteilen: Wie hält das sprachlich, rhetorisch, theologisch, liturgisch? Beginnen wir mit dem Witikoner-Beispiel.

Klaus Weimar: Das Auffälligste ist für mich, dass «ich glaube» aus dem Apostolikum grundsätzlich in der Wir-Form übernommen wird. Das ist schon eine gewisse Änderung, ohne dass ich jetzt die Richtung angeben kann. Aufgefallen ist mir auch, dass nicht nur statt dreimal «ich glaube», dreimal «wir» kommt, sondern einmal «wir glauben», dann «wir staunen» und «wir vertrauen». Und ich sehe eigentlich nicht, warum diese Änderungen da sind. Es scheint mir eine Tendenz da zu sein – anders als im Apostolikum – nicht sozusagen die Glaubensinhalte zu reformulieren, sondern Lebenshaltung irgendwie mit hineinzubringen, es sozusagen persönlicher zu machen, und die «Wir-Form» läuft da ein bisschen zuwider.

Werner Geiger: Mir ist dieser Wechsel zum Kollektiv auch aufgefallen, und wie auf der verbalen Ebene sehr viel Anschauliches, sehr viel Bewegtes da ist: «mit uns verbindet, das Staunen, aufs Spiel setzt, vorangeht, durchhält, zerbricht, hingibt, stirbt, was bleibt, alle erscheinen, vergisst nicht, ihr beendet» – das ist sehr sehr handlungsorientiert. Aber auf der substantivischen Ebene bleibt es in einem ganz vagen Raum. Es sind Abstrakta wie «Menschen, Macht, Gewissheit, Gottes Liebe, Licht, das Lebendige» usw. Und ich denke, das Hinübernehmen in den Plural der Geschichte Jesu, die auf der linken Seite so konkret wie Linolschnitt wirkt, da ist ein Problem in dieser Paraphrase drin.

Albrecht Grözinger: Ich denke, da meldet sich das bekannte Problem: Was soll eigentlich paraphrasiert werden. Das Apostolikum erzählt eine konkrete Geschichte. Und mit dieser Geschichte hat man offensichtlich seine spezifischen Schwierigkeiten. Das verstehe ich, das kann ich auch aus pfarramtlicher Praxis bestätigen. Aber man bleibt dann doch an dieser Geschichte dran. Bleibt die Frage: Wenn man eine Paraphrase macht, müsste man sich nicht viel mehr davon entfernen? Ein weiterer Punkt scheint mir zu sein, dass vielleicht doch nicht genug intensiv darüber nachgedacht wurde, was wir denn jetzt eigentlich respondieren wollen.

Matthias Krieg: Ich finde dies eine wichtige Beobachtung, dass in den Verben viel passiert, hingegen die Akteure abstrakt bleiben. Denn das könnte ja genau das Problem sein: Das, was passiert, ist da, aber wer dafür geradesteht, bleibt vage. Das würde dafür sprechen, zu einer Distanzierung vom Apostolikum zu raten, um eine Paraphrase zu finden, die dann vielleicht wieder in seine Nähe führt.

Albrecht Grözinger: Wobei auf der rechten Seite die Sätze nicht weniger rätselhaft sind als auf der linken Seite. Also wenn ich zum Beispiel sage: «Von dort wird er kommen zu richten die Lebenden und die Toten», und ich lese rechts: «Der Lebendige vergisst nicht die Opfer des Unrechts», dann frage ich beide Male: Was heisst das? Das Übersetzungsproblem ist für mich auf der zweiten Seite mindestens genau so stark wie im Original selber.

Werner Geiger: Das könnte bei Brecht vorkommen.

Matthias Krieg: Wieso aber versteht man es bei Brecht und da nicht? Das würde mich interessieren.

Klaus Weimar: Das liegt am Kontext. Man sieht, dass diese rechte Seite darum bemüht ist, all die höchst fremd bis anstössig gewordenen Formulierungen des Apostolikums entweder zu umgehen oder zu entschärfen. Ich habe dieses Apostolikum gelernt und internalisiert in einer noch etwas altertümlicheren Form, in der es z.B. im christologischen Teil hiess: «Niedergefahren zur Hölle» statt «Abgestiegen zum Totenreich». Hier findet man nur, dass ein Weg der Freude und des Leids vorangeht. Da ist man um all die schwierigen Sachen herumgegangen, und es wird etwas schwammig. Und in einem solchen Kontext bringen dann solche Brecht-Formulierungen einen gewissen Schock hinein, aber dann auch nicht klar.

Matthias Krieg: Sie sagen, dass Ihnen der Text je als Einzelperson zuwenig individuell, zuwenig griffig sei. Die Frage ist: Kann überhaupt etwas herauskommen, das mehr Griffigkeit bietet?

Klaus Weimar: Ich bin da skeptisch. Wenn man die hier hochgehaltene Freiheit tatsächlich trotz des Inszenierungscharakters ernst nehmen will, dann muss man eigentlich damit rechnen, dass bei vielen Sätzen die Frage kommt: Was heisst das eigentlich? - Auch bei der Paraphrase. So faszinierend ich die Idee finde, dieses alte Glaubensbekenntnis zu reintegrieren - mit verteilten Rollen sozusagen - so schwierig bis fast unmöglich scheint mir die Umsetzung zu sein, nämlich einen Text zu finden, der erst einmal als solcher trägt und dann zweitens die Substanz des Apostolikums übernimmt und drittens auch für alle sprechbar und akzeptabel ist.

Matthias Krieg: Nur ist ja der Anspruch der veränderlichen Seite, der Paraphrase, überhaupt nicht derselbe wie der unveränderlichen. Das ist ein vorübergehender Text. Aber wir haben natürlich hermeneutisch genau dasselbe Problem wie mit jedem Bibeltext. Wenn man denselben Bibeltext fünf Pfarrern gibt, dann gibt es ja auch nicht fünfmal dieselbe Predigt.

Albrecht Grözinger: Aber wird dieser Schritt wirklich so wahrgenommen? Wenn ein Pfarrer oder eine Pfarrerin auf der Kanzel den Predigttext verliest und dann die Bibel zumacht und mit seiner Predigt beginnt, dann merkt die Gemeinde: Jetzt findet ein Genrewechsel statt. Jetzt wird auf einer anderen Ebene gesprochen. Das Wort des Pfarrers ist nicht das Bibelwort. Suggeriert die vorgeschlagene liturgische Form nicht doch, dass diese Texte sich auf der gleichen Ebene befinden? Wir können bei Gottesdienstbesuchern und Gottesdienstbesucherinnen nicht unbedingt theologische Reflexionen, die wir jetzt haben, voraussetzen. Ich habe meine Skepsis, ob dieser Wechsel wahrgenommen wird. Wobei ich damit theologisch keine Probleme hätte, denn jede Generation hat das Recht, ihr Bekenntnis zu schreiben.

Werner Geiger: Was für eine Sprechhaltung steht hinter dem Apostolikum? Aus welcher Haltung heraus würden Sie das sprechen?

Matthias Krieg: Wenn Sie mich als Mensch fragen? Das Apostolikum gehört für mich wie lateinische Sequenzentexte zu etwas unberührbar Schönem. Dazu gehört etwas Unveränderliches, etwas Fremdes. Es gibt für mich Texte, zu denen auch das Apostolikum gehört, die haben für mich etwas Heiliges. Ich meine dies nicht im primären Sinn, sondern die sind irgendwann mal heilig geworden. Und ich denke, das ist für viele Leute so, wie ein Psalm, den man mal auswendig gelernt hat, oder ein Kirchenlied, eine Strophe. Ich stimme ein in einen Chor, in dem schon Tausende über Jahrhunderte mitgesungen haben. Das berührt mich. Das gebe ich zu.

Hans-Jürg Stefan: Dann ist es eben ein Ritual, in das du dich hineinbegibst.

Albrecht Grözinger: Ich denke, es hängt an der ästhetischen Form. Es ist dem Apostolikum gelungen, in einer Sprache etwas zu formulieren, einen Inhalt zu transportieren, der über Jahrhunderte hinweg hält. Dies gilt für jeden guten poetischen Text. Und ich habe meine Bedenken, ob es liturgisch gelingen kann, unterhalb dieser Schwelle etwas Liturgisches entgegenzusetzen. Und ich würde auch vermuten, dass gerade wegen dieser ästhetischen Dichte, wobei Ästhetik für mich Form und Inhalt zusammen nimmt, heute vielleicht die Menschen darüber einen Zugang finden. Da meldet sich eine sehr grundsätzliche Frage an: Ob die Kirche vielleicht zu unrecht etwas für altmodisch hält, das vielleicht viele gar nicht so altmodisch empfinden.

Klaus Weimar: Ich möchte eine Anekdote einflechten: Auf der Maturareise bin ich zum ersten Mal bei einer Kirchenbesichtigung in einen katholischen Gottesdienst gelangt. Die waren gerade dabei, die Messe zu feiern und haben den mir von Bach aus der h-moll-Messe bekannten Nizänumstext rezitiert. Dabei habe ich folgendes vom Apostolikum gemerkt: Da passiert etwas, das irgendwo weit oben über den Köpfen seit Jahrhunderten an einem Endlosband entlangläuft, und aus dem gegebenen Anlass hängt man sich mal dran. Und dann ist es an sich relativ gleichgültig, wie das aussieht, und ob man bei allem dahinter stehen kann, aber man hängt, in der Tradition drin und wird mitgetragen, und dann steigt man wieder aus, und das war es. Und das schafft man heutzutage kaum noch, einen solchen Text zu produzieren.

Matthias Krieg: Wir werden auch bei den besten Bemühungen im reformierten Raum nicht annähernd an mittelalterlich liturgische Traditionen herankommen. Das will ja auch niemand. Wir haben schon gegenüber dem Katholizismus die Verfremdung des Liturgischen, die haben wir jeden Sonntag.

Klaus Weimar: Ist es nicht so, dass das Apostolikum anfänglich gemeint war als Text für Leute, die der christlichen Gemeinde beitreten ...?

Verschiedene: ... Taufe, ja ...

Klaus Weimar: ... Da kann ich mir das auch sehr gut ausserhalb eines liturgischen Kontextes vorstellen. Dass da eine kurze, bündige Formulierung dessen ist, was die Angehörigen der Gemeinde miteinander verbindet. Wenn man das in den Gottesdienst einer seit Jahrhunderten bestehenden christlichen Gemeinde einfügt, dann verändert es irgendwie seinen Charakter. Es hat nicht mehr so den Wagnischarakter, sondern diese Differenz zur Tradition und zur Allgemeinheit tritt deutlicher hervor. Und wenn man daneben dann noch eine Paraphrase setzt, und sich noch einmal von diesem alten Text entfernt, dann weiss ich nicht, ob dabei, gerade wenn die wechseln kann und soll, nicht gerade der Eindruck entsteht, der vermieden werden soll, nämlich dass da im Prinzip Beliebigkeit besteht. Also dass die Gemeinde in Witikon dann halt diese Variante nimmt, die in Meilen eine andere, die in Fluntern eine vierte, Predigern eine fünfte ...

Matthias Krieg: Wir haben heute nicht mehr die Wahl zwischen Verbindlichkeit und Beliebigkeit, sondern nur noch die Wahl zwischen verschiedenen Beliebigkeiten. Es gibt in der reformierten Kirche keine Sanktionsgewalt. Die einzige Verbindlichkeit ist die Bibel. Nicht einmal ihre Auslegung. Wir haben die Wahl zwischen dem Reim, den der einzelne als privatisierter Religiöser sich macht, und der nie ausgesprochen wird, und dem Fragmentarischen einer Paraphrase, die mal auf Zeit öffentlich wird. Das ist die einzige Wahl, die wir noch haben. Die haben eigentlich auch die Katholiken nicht mehr in der Postmoderne, sie tun nur noch so. Oder bin ich da zu scharf?

Albrecht Grözinger: Wir leiden natürlich in der ganzen Debatte an der Geschichte, von der wir herkommen. Der Apostolikumsstreit, an den ja erinnert wird, rührt aus einer Zeit her, in der noch versucht wurde, das Apostolikum als wortwörtlich einzuklagen. Das wird heute niemand mehr ernsthaft tun. Heute lautet eher die Frage: Wer versteht es denn heute noch? Hat die im Kirchenratspapier angestrebte schöne Formulierung «aus Freiheit, auf Freiheit hin» überhaupt die Paraphrase nötig?

Werner Geiger: Wenn ich da den Gedanken weiterführen darf, mit der Aufforderung, das Apostolikum vielleicht zu fraktionieren. Und ich sage einfach einmal, andere Stimmen unterzumischen. Und dann wären wir weg von der Paraphrase. Dann wären wir bei einer Collage. Das Apostolikum hat einen Anfang und einen Schluss, und es gäbe rhythmische, räumliche, szenische Möglichkeiten. Das könnte auch etwas Pantomimisches sein, ein Ausruf sein, ein ganz individuelles Bekenntnis.

Klaus Weimar: Es könnte verschiedene Varianten der Beteiligung geben. Wenn man eine solche Paraphrase nimmt, wäre immer noch denkbar, dass sie entweder von der ganzen Gemeinde ab Blatt gelesen und gesprochen wird oder nur von der kleinen Gruppe, oder dass es ersetzt wird durch etwas anderes. Beim Ersetzen durch etwas anderes hätte ich jedoch meine Bedenken. Wenn ich mir vorstelle, dass da z.B. etwas Pantomimisches gemacht wird. Das kann dann wieder unglaublich handgestrickt werden und dilettantisch. Das ist auch ein Kontrast zum alten Text.

Matthias Krieg: Davor habe ich nicht so sehr Angst. Aber wenn so etwas mit Musik gemacht würde, so eine Art Sprechmotette mit verschiedenen Agenten auf verschiedenen Ebenen, dann sollte es professionell sein.

Werner Geiger: Ich denke, die Ansprüche, die sind ganz heikel. Woran orientieren sich die, die da eine neue Form suchen? Es geht ja um ein Glaubensbekenntnis. Es geht darum zu sagen: Warum bin ich in dieser Gemeinschaft? Und wenn auf dieser Ebene nicht die Paraphrase, sondern die Neuproduktion möglich wäre, dann kann es nicht dilettantisch werden – dann sind nämlich alle Dilettanten. Dann müsste man dieser dilettantischen Realität entsprechen und etwas sehr Gewöhnliches als Orientierung nehmen. Eigentlich auch etwas sehr Bescheidenes. Aber etwas Bekennendes. Ich habe mir überlegt, was hätte ich damals an der Konfirmation gesagt, wenn ich aufgefordert worden wäre: Gib deinen Beitrag zu diesem Glaubensbekenntnis, das wir in dieser Kirche seit vielen Jahren wiederholen, quasi als Gemurmel. Erhebe deine Stimme und sage dein Ja, ich will weiterbleiben in dieser Kirche. Und ich habe mir überlegt, welcher Satz ist mir geblieben in dieser reformierten Biographie, und ich stiess auf das kleine Sätzchen aus einem Sonntagschullied: Gott ist die Liebe. Und ich hätte das bekennend zum Apostolikum hinzu sagen können, und ich hätte nicht die Auseinandersetzung gehabt: Muss ich dieser Kirche jetzt gehorchen, oder bin ich frei.

Matthias Krieg: Wir befinden uns im Pilotjahr. Es wird alles probiert werden. Ich gebe auch gerne das hier Gelernte weiter, zum Beispiel: weg von der Paraphrase in Richtung Collage oder Sprechmotette. Die Frage an Sie: Was würden Sie aufgrund unseres Gespräches sagen? Was sollten wir den Pilotgemeinden weitergeben?

Hans-Jürg Stefan: Die Verknüpfung von Liedern mit dem Apostolikum. Es gibt da viele schöne Möglichkeiten.

Albrecht Grözinger: Ich würde zwei Sätze sagen. Das eine ist, die ästhetische Form des Apostolikums achten, wobei Ästhetik für mich Einheit von Form und Inhalt ist. Dann aber vielleicht doch noch mehr an Phantasie und Mut aufbringen als in den vorliegenden Entwürfen.

Werner Geiger: Ein Holzweg ist sicher, zu versuchen, das noch einmal zu sagen, was da schon steht, einfach etwas «heutiger».

Klaus Weimar: Mir scheint das Unternehmen sinnvoll, das Apostolikum als ein Stück Tradition in den Gottesdienst hineinzubringen. Mir scheint es sinnvoll, dass irgendwie etwas dazu gesagt wird und nicht nur rezitiert wird. Was das ist, das müsste man sehen. Ein technischer Vorschlag, der natürlich irgendwo auch ein theologischer ist, wäre die Fraktionierung des Apostolikums.

Werner Geiger: Ich sehe methodisch ganz viele Möglichkeiten, mit diesem Text zu arbeiten. Ein neuer Text ist nur eine davon. Wenn wir wirklich dieses Moment der Freiheit und dieses Moment der Beteiligung wahrnehmen, dann darf die Person, die die Gruppe leitet, sei es ein Theologe, sei es ein Seelsorger oder ein Jugendarbeiter oder so, nicht wissen, was dabei herauskommt. Sonst ist es kein heutiger Text.

Matthias Krieg: «Heutig» heisst also, sich einzulassen auf das Risiko des Offenen und nicht beim Beginn zu wissen, was heutig ist. Das war ja auch die Idee. Man soll der Paraphrase oder dem Gegentext im Unterschied zur Vorlage seine Unabgeschlossenheit ansehen. – Und was Sie, Herr Weimar, sagten mit der Fraktionierung des Textes, das würde heissen, Kongenialität an dem Punkt, wo das Apostolikum selber Wachstum hat oder von der Sprachhaltung her sich ändert.

Klaus Weimar: Ich würde sagen, dass der Text der Frauengruppe wahrscheinlich in der Fraktionierung zu weit geht. Und dass man umgekehrt diesen Witikonertext noch unterteilen könnte. Wichtig schiene mir die Einschätzung der Funktion, die diese neuen Texte haben sollen. Und da würde ich es bevorzugen, zu sagen: Es geht nicht darum, das alte Glaubensbekenntnis zu reformulieren in irgendeiner scheinbar modernen abgeschwächten, veränderten Form. Die ganze Veranstaltung müsste innerhalb des Gottesdienstes die Funktion haben, die Auseinandersetzung mit und Bezugnahme der gegenwärtigen Gemeinde zu ihrer Tradition nicht nur zu dokumentieren, sondern zu vollziehen. Dann kommt es nicht unbedingt drauf an, dass diese heutigen Texte mehrheitsfähig oder zustimmungsfähig sind – auch nicht unbedingt, dass sie theologisch richtig sind. Es wären Dokumente, dass da eine Gemeinschaft zusammen ist, die sich auf lang Zurückliegendes bezieht und darin ihre Gründungsurkunde hat. Und das würde ich an sich schon sehr gut finden, wenn das geht.

Albrecht Grözinger: Ich würde auch gerne noch einen Gesichtspunkt ansprechen, den wir bisher nicht hatten. Wenn man sich am Apostolikum orientiert, übernimmt man auch bestimmte blinde Flecken der Christentumsgeschichte. Der Kirchenrat sagt völlig richtig, dass das Apostolikum deshalb besonders geeignet ist, weil es sich anders als das Nizänum oder andere altkirchliche Bekenntnisse sehr viel direkter an der biblischen Geschichte orientiert und weniger an philosophischen Positionen. Aber wenn wir das Apostolikum anschauen, beginnt es ja in der Tat mit der ersten Seite der Bibel, der Schöpfungsgeschichte, aber dann wird über zwei Drittel der Bibel geschwiegen. Das Apostolikum springt gleich ins letzte Drittel der Bibel, nämlich in die Geschichte Jesu Christi. Und die ganze Geschichte Gottes mit Israel, die Bundestheologie, die ein ganz zentraler Bestandteil der biblischen Überlieferung ist, taucht im Apostolikum überhaupt nicht auf. Als Deutscher beschäftigt mich die Frage der Schuld der

Kirche, dass ein christlicher Antijudaismus entstehen konnte. Daher würde ich es zumindest als Frage mitgeben: Wenn eine Kirche sich daran macht, ein Bekenntnis wieder einzubringen, ob man es nicht auch im Auge behalten müsste - bei allem, was wir Grossartiges über das Apostolikum gesagt haben - dass es auch eine spezifische Problematik weitertransportiert, nämlich das Schweigen über Israel. Es spiegelt eine ganz frühe theologische Entscheidung, die die Kirche getroffen hat, nämlich im Grunde von Israel zu schweigen.

Matthias Krieg: Mich würde noch folgendes interessieren: Was muss man beim Machen eines solchen Sprechtextes beachten, rein handwerklich. Gibt es Regeln über die Länge von Sätzen, Hypotaxe, Parataxe, finite Sätze, infinite Sätze. Gibt es da Verbote?

Werner Geiger: Das Medium, die gesprochene Sprache, das müsste man auf jeden Fall berücksichtigen. Was ist mündlich, und was sind eher sprechbare Texte im Vergleich zu lesbaren Texten. Der Hauptpunkt ist, dass die Reaktionen auf das Apostolikum im Handeln entstehen, und wenn es gesprochene Handlungen sind, dass diese gesprochenen Handlungen im Mund entstehen. Dann darf das Prädikat nicht zu weit weg sein vom Subjekt, sonst verliere ich den Faden. Man sollte aber auch nicht so weit gehen und nur noch Parataxe machen, nur noch Hauptsätze, weil solche Texte nicht mehr leben. Die sind dann nur noch staccato. Die Gedanken sollten bestimmen, ob etwas sprachlich untergeordnet oder nebengeordnet sein muss. Sehr viele mündliche Äusserungen sind Setzungen, die mit Einzelwörtern oder mit Satzfragmenten auskommen, oft braucht es nicht einmal ein Prädikat.

Hans Jürgen Luibl: Man könnte einfach die Liste der zwanzig häufigsten Wörter aus der Gebetssprache nehmen und auf diese Art von Bekenntnis übertragen. Es sind die Wörter, die fast in jedem Gebet vorkommen: «Leben, Dasein, Grenze, Liebe, Leid und Freude» Und man kann ein Gebet nur besser machen, wenn man diese Art von Begrifflichkeit wegnimmt. Ich denke, dass einige handwerkliche Dinge, die für die Gebetssprache gelten, durchaus übertragbar sind.

Werner Geiger: Sobald man anfängt etwas chorisch zu sprechen, muss man daran denken, dass mehrere Stimmen, die gleichzeitig sprechen, einander bremsen. Das weiss man von jedem Sprechchor, aber auch vom Singen her. Diejenigen, die zum chorischen Sprechen anleiten, müssten das selber kennen, und sie müssten auch methodische Wege kennen, wie ein Chor zu bewegen ist. Dann auch die Frage, wer ist der Zuschauer. Ist da Gott, der eh versteht, auch wenn wir brabbeln, oder sind da noch Zuhörer? Wie verständlich soll es sein? Wie erlebnisorientiert? Soll es ein Erlebnis sein für die, die das machen? Oder soll es für einen Gast auch verständlich sein?

Matthias Krieg: Schlussfrage: Was finden Sie aus Ihrer Perspektive für dieses Pilotjahr das wichtigste. Und falls es dann wirklich weitergehen sollte: «Das dürft ihr auf keinen Fall vergessen!»

Klaus Weimar: Die Freiheit des Einzelnen, einzustimmen und der Verzicht auf Zwang.

Werner Geiger: Seine Stimme erheben im öffentlichen Raum braucht für die meisten grosse grosse Überwindung.

Hans-Jürg Stefan: ... dabei kann die Musik hilfreich sein. Auch die Instrumentalmusik könnte helfen, zum gemeinsamen Singen zu kommen.

Albrecht Grözinger: Gerade wenn man weiss, was man theologisch machen möchte, sollen der Phantasie keine Grenzen gesetzt sein.

Aufsatz

Verfassung als Bekenntnis?

Stefan Grotefeld

Zugegeben, die Frage klingt verdächtig. Auf den ersten Blick mag es so aussehen, als könnte nur ein Theologe auf die Idee kommen, der staatlichen Verfassung zu unterstellen, sie habe den Charakter eines Bekenntnisses, scheint es sich beim Wort «Bekenntnis» doch um eine Spezialität von Kirche und Theologie zu handeln. Wer jedoch die Debatte über die doppelte Staatsbürgerschaft in Deutschland verfolgt hat, konnte darin ein Indiz dafür finden, dass die Frage so abwegig nicht ist. Gemäss dem schliesslich von SPD, Grünen und FDP in den Bundestag eingebrachten Gruppenantrag zur Reform des deutschen Staatsbürgerschaftsrechts soll nämlich die Einbürgerung von «einem Bekenntnis zum Grundgesetz abhängig sein.» (Pressemitteilung des Bundesinnenministeriums vom 16.3.1999; bundesregierung.de/05). Welch hoher Stellenwert diesem Bekenntnis zur Verfassung beigemessen wird, bestätigen die Aussagen von Innenminister Schily, wonach eine Einbürgerung unwirksam würde, wenn sich nachträglich herausstellen sollte, dass die schriftliche Loyalitätserklärung nur zum Schein abgegeben wurde.

Diese Beobachtung lässt sich allerdings nicht ohne weiteres auf die Schweiz übertragen. Dass die Schweizer Bundesverfassung offenbar einen anderen Status besitzt als das deutsche Grundgesetz oder die amerikanische Verfassung (vgl. Levinson: 1988), wird gerade am Beispiel der Einbürgerung deutlich. Im Zuge eines Einbürgerungsverfahrens wird hierzulande lediglich geprüft, ob der oder die Betreffende «mit den schweizerischen Lebensgewohnheiten, Sitten und Gebräuchen vertraut ist» und «die schweizerische Rechtsordnung beachtet» (BüG, Art. 14bc; in der Zürcher Kantonalen Bürgerrechtsverordnung findet sich die gleiche Formulierung). Von der Verfassung selbst ist nicht die Rede. Überhaupt scheinen die Schweizerinnen und Schweizer ihrer Bundesverfassung eine geringere Bedeutung beizumessen als die Deutschen ihrem Grundgesetz. Während Verfassungsänderungen in der Schweiz an der Tagungsordnung sind, gilt das Grundgesetz in Deutschland als etwas beinahe Sakrosanktes. Grundgesetzänderungen sind nur möglich, wenn Bundestag und Bundesrat dem zu zwei Dritteln zustimmen, und die ersten zwanzig Artikel des Grundgesetzes dürfen in ihrem Kern überhaupt nicht angetastet werden (vgl. GG, Art. 19,2). Demgegenüber kann das Schweizervolk jedes Stück seiner Verfassung jederzeit ganz oder teilweise ändern. Nicht die Verfassung sondern die Volkssouveränität steht im politischen System der Schweiz an

erster Stelle. Die Schweizer Bundesverfassung scheint eher den Charakter
einer Geschäftsordnung zu haben als den eines politischen Bekenntnisses.
Dennoch bin ich der Auffassung, dass die Schweizer Verfassung wie
andere Verfassungen auch zumindest partiell einen Bekenntnissen ähnlichen Status besitzt, und ich will versuchen, diese These in vier Schritten
plausibel zu machen. Zu diesem Zweck befasse ich mich kurz mit der
Funktion von Bekenntnissen im kirchlichen Raum (1), bevor ich dann in
einem zweiten Schritt die Bedeutung der Verfassung für die staatsbürgerliche Identität herausarbeiten will (2). Im dritten Abschnitt soll es um die
Bedeutung von Verfassungen für die politische Integration gehen. Indem
ich zu zeigen versuche, dass Verfassungen ein Ausdruck staatsbürgerlicher
Identität sind, möchte ich zugleich deutlich machen, dass sie in politischer Hinsicht eine kirchlichen Bekenntnissen vergleichbare Funktion
ausüben und dass sich diese These auch im Hinblick auf die Schweiz auf-
rechterhalten lässt (3). Schliesslich möchte ich im vierten und letzten Abschnitt Überlegungen darüber anstellen, wie die *invocatio dei* zu Beginn
der Schweizer Bundesverfassung vor diesem Hintergrund verstanden und
und beurteilt werden kann (4).

1. Bekenntnis und Bekennen

Das Substantiv «Bekenntnis» spielt heute ausserhalb von Kirche und
Theologie kaum eine Rolle. Anders verhält es sich allerdings mit dem
Verb «bekennen». Wir verwenden es zum Beispiel, wenn jemand vor Ge-
richt eine Tat zugibt oder eine Person bzw. eine Gruppe von Personen
erklärt, sie habe einen Anschlag oder ein Attentat verübt. In diesen Fällen
handelt es sich um das Eingeständnis einer Tat, und dem Begriff
«bekennen» haftet ein negativer Beigeschmack an. Doch ist «bekennen»
nicht an sich negativ konnotiert. Vielmehr gebrauchen wir das Wort in
einem eher positiven Sinn, um auszudrücken, dass wir uns mit einer bestimmten Überzeugung identifizieren oder mit jemand anderem solidari-
sieren. Gemeinsam ist diesen verschiedenen Verwendungsweisen, dass dabei jemand vor einem bestimmten Forum erklärt, er oder sie stehe zu
etwas oder jemand (vgl. Härle: 1995, 148). Unterschiedliche Verwendungsweisen kennt auch das Substantiv «Bekenntnis». So wird es z.B. -
häufiger allerdings in der lateinischen Form «Konfession» - zur Bezeichnung einer kirchlichen Gemeinschaft benutzt, wobei dann das vom Verb
her geläufige Moment wechselseitiger Solidarisierung mit hineinspielen
kann. Zumeist steht jedoch der Aspekt des Sich-Identifizierens im Vordergrund. So verstanden ist Bekenntnis ein Glaubensbekenntnis, und in
diesem Sinne dient der Begriff sowohl dazu, den Akt der Identifikation
als auch dessen Gegenstand zu bezeichnen.
    Als Glaubensbekenntnis kann ein Bekenntnis, folgt man Hans Schwarz
(1993), zumindest sechs verschiedene Funktionen ausüben: die Funktion
einer Selbstdefinition, Gemeinschafts- und Abgrenzungsfunktion sowie

kerygmatische, doxologische und katechetische Funktion. Glaubensbekenntnisse üben diese verschiedenen Funktionen offenbar nicht immer in gleicher Weise aus. Welcher Aspekt im Vordergrund steht und welche anderen noch beteiligt sind, hängt vielmehr vom jeweiligen Zeitpunkt und Ort ab. Allerdings kommt der Funktion der Selbstdefinition nicht nur insofern besondere Bedeutung zu, als sie «eine der ursprünglichsten Funktionen des Bekenntnisses» (Schwarz: 1993, 437) darstellt, sondern auch deshalb, weil die übrigen Funktionen sie voraussetzen und auf sie bezogen sind. Historisch betrachtet sind religiöse Bekenntnisse meist in Situationen innerer oder äusserer Bedrohung entstanden. In ihnen formulieren Menschen diejenigen Überzeugungen, die sie untereinander verbinden. Idealiter hat der Prozess der Bekenntnisbildung den Charakter einer «Selbstfindung» (Schwarz: 1993, 437), auch wenn es in der Realität nur wenige sind, die stellvertretend für andere ein solches Bekenntnis formulieren. Bekennntisse sollen dazu dienen, sich der eigenen Identität als Mitglied einer bestimmten Gemeinschaft zu versichern. Indem ein Bekenntnis der gemeinsamen Identität Ausdruck verleiht, wirkt es auf der einen Seite gemeinschaftsbildend und -sichernd und auf der anderen Seite abgrenzend. Gemeinschafts- und Abgrenzungsfunktion sind zwei Kehrseiten derselben Medaille. Bekenntnisse sind in der Regel nicht auf Vollständigkeit hin angelegt. Diejenigen, die sie formulieren, beschränken sich vielmehr häufig auf das, was sie in einer bestimmten Situation für essentiell halten. Die kerygmatische Funktion von Bekenntnissen zeigt sich gerade in diesem Bemühen, das für die Identität der betreffenden Gemeinschaft Konstitutive auf eine bestimmte historische Situation hin zum Ausdruck zu bringen. Ihre doxologische Funktion schliesslich entfalten Bekenntnisse vor allem im Gottesdienst, wenn die Gemeinde ihre Identität vor Gott bezeugt, ihre katechetische Funktion hingegen im Unterricht, in dem die nachwachsenden Glieder der Gemeinde in diese Identität hineinwachsen sollen. Es scheint sich also in der Tat so zu verhalten, dass die verschiedenen Funktionen das Bekenntnis als Selbstdefinition voraussetzen und zugleich stützen. Die Identität einer Gemeinschaft und die Identität des einzelnen als Mitglied dieser Gemeinschaft zu definieren, bildet, so könnte man daher sagen, die Kernfunktion des religiösen Bekenntnisses.

Wesentlich für das theologische Verständnis von religiösen Bekenntnissen ist schliesslich ein Aspekt, der einer bloss funktionalen Betrachtungsweise zu entgehen droht. Lenkt man nämlich statt dessen den Blick auf den Inhalt von Bekenntnissen, dann wird deutlich, dass sie nicht irgendeinen beliebigen Teil der Identität betreffen, sondern von dem reden, «*was uns unbedingt angeht.*» (Tillich: 1987, 19f) Indem Menschen in Bekenntnissen über ihren Glauben Rechenschaft ablegen, versuchen sie, etwas, das ihrer Verfügungsgewalt entzogen ist, Ausdruck zu verleihen. Dabei betont der Protestantismus im Unterschied zum Katholizismus den Umstand, dass es Menschen sind, die Bekenntnisse formulieren. Denn während nach katholischer Auffassung Bekenntnisse selbst Offenbarungscharakter und deshalb auch absolute Geltung besitzen, sind Bekenntnisse nach evangelischem Verständnis kein Glaubensgegenstand, sondern «menschliche Interpretation des biblischen Zeugnisses von Gottes Offenbarung.» (Härle: 1995, 150)

2. Nationale und staatsbürgerliche Identität

Wenn es zutrifft, dass die Kernfunktion von religiösen Bekenntnissen darin besteht, gemeinsamer Identität Ausdruck zu verleihen, dann haben wir damit zugleich ein Kriterium gewonnen, anhand dessen wir entscheiden können, ob es angemessen ist, Verfassungen Bekenntnischarakter zuzuschreiben: Nur wenn sich in einer Verfassung die gemeinsame Identität der Bürgerinnen und Bürger als solche widerspiegelt, lässt sich der Bekenntnisbegriff auf die Verfassung anwenden. Um von der Verfassung als einem politischen Bekenntnis sprechen zu können, müsste man also erstens zeigen, dass eine kollektive Identität existiert, die von Bürgerinnen und Bürgern geteilt wird, und zweitens dass sie sich in der Verfassung niederschlägt. Genau dies scheint mir, wenn auch in einem eingeschränkten Sinne, der Fall zu sein. Um dies zu begründen, möchte ich im folgenden zwischen nationaler und staatsbürgerlicher Identität unterscheiden und argumentieren, dass Verfassungen als Ausdruck staatsbürgerlicher Identität verstanden werden sollten.

2.1 Kulturnation und nationale Identität

Existiert eine den Bürgerinnen und Bürgern eines Staates gemeinsame Identität, und wodurch wird sie konstituiert? Um eine Antwort auf diese Fragen zu finden, erscheint es mir sinnvoll, beim Begriff der Nation anzusetzen. Denn dass es zumindest so etwas wie nationale Identitäten gibt, lässt sich m.E. kaum bestreiten, auch wenn dem Wort «Nation» im Deutschen noch immer etwas Anrüchiges anhaftet. Dabei verstehe ich unter nationaler Identität eine kollektive Identität, die vor allem durch eine gemeinsame Kultur, Sprache, Geschichte und Abstammung entsteht. Diese verschiedenen Elemente konstituieren die Nation als Kulturnation, ohne dass eine Nation in diesem Sinne zugleich einen Staat bilden müsste (vgl. zum Verhältnis von Staat, Nation und Kultur Heeger: 1995). Allerdings kann aus dem Bewusstsein, eine gemeinsame nationale Identität in diesem Sinne zu besitzen, ein starkes Zusammengehörigkeitsgefühl erwachsen, und damit verbindet sich dann häufig die Forderung nach einem eigenen Staat. Man braucht nicht erst an das in Deutschland oder Italien im 19. Jahrhundert aufkeimende Nationalbewusstsein zu erinnern, um sich die politische Brisanz solcher Forderungen vor Augen zu führen. Vielmehr finden wir heute nicht nur in Osteuropa sondern überall auf der Welt Beispiele für das Streben von Kulturnationen nach einem eigenen Staat. Dass die in der Neuzeit entstandenen europäischen Nationalstaaten an dieses Zusammengehörigkeitsgefühl appellierten, hat lange Zeit den Blick dafür verstellt, dass die meisten Staaten sich nicht aus einer, sondern aus mehreren Kulturnationen von unterschiedlicher Grösse zusammensetzen. Staaten mit einer dominanten Mehrheitskultur zehren in der Regel von jenem Zusammengehörigkeitsgefühl als einer wirksamen Ressource politischer Integration und gewähren Minderheitskulturen eine mehr oder weniger weit reichende Anerkennung. Allerdings geniessen die verschiedenen Kulturnationen nur selten so grosse Anerkennung und Autonomie wie in der Schweiz, die vom Gesichtspunkt der Kulturnation aus betrachtet als ein multinationaler Staat par excellence gelten kann (vgl. Kymlicka: 1995, 13).

Gerade das Beispiel der Schweiz zeigt allerdings nicht nur, dass Kulturnation und Staat nicht miteinander identisch sind, sondern auch, dass ein multinationaler Staat wiederum eine kollektive Identität auszubilden vermag. Zu dieser Identität gehört zumindest eines jener für die Identität einer Kulturnation konstitutiven Elemente, nämlich das Bild einer verbindenden Geschichte, aus der sie als die Gemeinschaft hervorgegangen ist, die sie heute darstellt. Gerade weil die oft mythisch gefärbte Vorstellung von dieser Geschichte ein wesentliches Element nationaler Identität darstellt (vgl. Miller: 1996, 90-93), erscheint es mir möglich, den Nation-Begriff, wenn auch in eingeschränktem Masse, auch auf die Schweiz als ganze anzuwenden (so Miller: 1997, 94f, anders Kymlicka: 1998, 13). Denn das Bild, das die Schweizerinnen und Schweizer sich von ihrer Geschichte machen, bildet einen wesentlichen Bestandteil ihrer nationalen Identität (vgl. dazu Im Hof: 1991). Das ändert freilich nichts daran, dass die kulturnationale Identität hierzulande primär in den vier verschiedenen Landesteilen und hier wiederum vor allem in den einzelnen Kantonen verankert ist (vgl. Im Hof: 1991, 259f). Dies dürfte auch den vergleichsweise spärlichen Gebrauch des Wortes «Nation» und des Epithetons «national» in der schweizerischen Politik und Alltagssprache erklären (vgl. dazu Brühlmeier: 1988, 36-39). In der Bundesverfassung von 1874 taucht das Substantiv «Nation» nur ein einziges Mal auf, nämlich in der Präambel. In der erneuerten Verfassung fehlt es gar vollkommen, nachdem es der Revision der Präambel zum Opfer gefallen ist.

2.2 Staatsnation und staatsbürgerliche Identität

Nach liberaler Vorstellung erschöpft sich die kollektive Identität von Bürgerinnen und Bürgern nicht in der eben beschriebenen Bindung an die Nation als Kulturnation. Während die auf die Kulturnation bezogene gemeinsame Identität nicht notwendig einen bestimmten politischen Status der Person impliziert - die Schweiz mit ihrer langen demokratischen Tradition dürfte in dieser Hinsicht eine Ausnahme darstellen -, bildet die wechselseitige Anerkennung der Bürgerinnen und Bürger als Freie und Gleiche die Grundlage liberaler Staatsauffassung. Aus dieser wechselseitigen Anerkennung entwickelt sich zumindest idealerweise eine andere Form kollektiver Identität, die man als staatsbürgerliche Identität bezeichnen kann und die eben darin besteht, dass sich die einzelnen Bürgerinnen und Bürger als Freie und Gleiche anerkannt wissen und einander als solche anerkennen.

Die kollektive Identität der Bürgerinnen und Bürger eines liberalen Staates speist sich demnach aus zwei Quellen, die beide für die politische Integration von Belang sind. Auch wenn die staatsbürgerliche Identität im Laufe der Geschichte zu einem Bestandteil nationaler Identität werden kann, ist sie doch anderen Ursprungs und besitzt einen anderen Bezugspunkt. Während die nationale Identität der Nation als Kulturnation gilt, ist die staatsbürgerliche Identität auf die Nation als Staatsnation bezogen.

Wenn die wechselseitige Anerkennung der Bürgerinnen und Bürger als Freie und Gleiche für den Liberalismus als politische Theorie grundlegend ist, dann ist leicht zu sehen, dass dies nicht nur zur Ausbildung einer eigentümlichen staatsbürgerlichen Identität führt, sondern dass sich daraus auch ein bestimmtes Verständnis der Legitimität politischer Machtausübung ergibt: Moralische Legitimität kann die Ausübung von politischer Macht nach liberaler Überzeugung nur dann für sich in Anspruch nehmen, wenn sie so erfolgt, dass die Bürgerinnen und Bürger als Freie und Gleiche respektiert werden. Die Frage, wie das möglich ist, wo doch politische Macht nicht selten mit der Androhung und Ausübung von Zwang verbunden ist, stellt sich auch in demokratischen Staaten, denn natürlich können auch durch Mehrheitsentscheidungen Freiheit und Gleichheit einer Minderheit beeinträchtigt werden. Wie das verhindert werden kann, darauf hat man innerhalb der politischen Philosophie schon immer unterschiedliche Antworten gegeben. Innerhalb des liberalen Lagers werden heute, wenn ich recht sehe, vor allem zwei Lösungswege eingeschlagen. Während die einen die Legitimität der Ausübung von Zwang von den dafür gegebenen Gründen abhängig machen, ist nach Ansicht der anderen entscheidend, dass dabei gewisse Rechte des Individuums nicht tangiert werden, die durch die Verfassung geschützt werden sollten. Warum mir der zweite Weg, bei dem die Verfassung eine zentralere Stellung bekommt, plausibler erscheint, möchte ich im folgenden kurz begründen.

ad 1) Die moralische Legitimität von Zwang an die Art der Begründung zu binden, ist ein Kennzeichen des kantischen Liberalismus, dessen einflussreichster Vertreter gegenwärtig John Rawls ist. Nach Ansicht von Rawls und anderen ist die Ausübung von politischer Macht nur dann legitim, «when it is exercised in accordance with a constitution the essentials of which all citizens may reasonably be expected to endorse in the light of principles and ideals acceptable to them as reasonable and rational.» (Rawls: 1996, 217; 1998, 223 [die deutsche Übersetzung weicht etwas vom amerikanischen Original ab]). Diesem Legitimitätskriterium korrespondiert die Idee öffentlicher Vernunft, die in ihrem Kern ein Ideal bürgerlicher Selbstbeschränkung darstellt: Bürgerinnen und Bürger sollen ihre Optionen in Fragen, die wesentliche Bestandteile der Verfassung und grundlegende Probleme der Gerechtigkeit betreffen, so rechtfertigen können, dass andere diese Gründe vernünftigerweise akzeptieren können. Vor allem sollten sie sich bemühen, ihre wenn auch nicht unvernünftigen, so doch kontroversen weltanschaulichen und religiösen Überzeugungen aus dem Spiel zu lassen. Rawls' Ideal öffentlicher Vernunft läuft demnach im Prinzip auf einen Ausschluss religiöser und ähnlicher Überzeugungen aus der politischen Deliberation hinaus, und an diesem Grundgedanken hat er trotz gewisser Einschränkungen bis heute festgehalten (vgl. Rawls: 1997).

Mir leuchtet diese Forderung, die in ähnlicher Form auch bei anderen Liberalen begegnet, nicht ein. Abgesehen davon, dass ich die Idee öffentlicher Vernunft für insuffizient halte, und glaube, dass sie mit einem unzureichenden Verständnis religiöser Überzeugungen operiert, erscheint mir auch das Verständnis politischer Legitimität, das ihr zugrundeliegt, zu eng (ausführlicher dazu Grotefeld: 1999). Ich sehe nicht, warum der Respekt, den wir anderen schulden, von uns verlangen würde, dass wir in der politischen Deliberation nur solche Gründe ins Spiel bringen, von denen wir im voraus wissen, dass jene sich im Einklang mit ihren Überzeugungen zueigen machen können.

Diese Sichtweise beruht m.E. auf einem allzu engen Verständnis moralischer Argumentation, als würde sich diese legitimer Weise nur so vollziehen können, dass wir einer Person Gründe nennen, die sich aus ihren Überzeugungen folgern lassen, sie mit neuen Fakten konfrontieren oder sie dazu bringen, eine Ansicht zu revidieren, indem wir sie auf Widersprüche in ihren Überzeugungen hinweisen. Demgegenüber hat DePaul mit Recht geltend gemacht, diese auf das Schlussfolgern beschränkte Vorstellung sei nicht die einzig legitime Form moralischen Argumentierens (vgl. DePaul: 1998). Wir können z.B. versuchen, anderen die Attraktivität und Plausibilität einer bestimmten Position vor dem Hintergrund unserer Weltanschauung vor Augen zu führen. Wir appellieren dann zwar nicht an Überzeugungen, die sie bereits haben, aber wir bringen ihnen doch den gebührenden Respekt entgegen, indem wir uns bemühen, ihnen gute Gründe zu nennen, und an ihre Vernunft appellieren. Man könnte sogar sagen, dass wir anderen erst dann wirklich Respekt zollen, wenn wir ihnen unsere besten Gründe so vollständig wie möglich präsentieren und es ihrem Urteil überlassen, ob sie sie überzeugend finden oder nicht. Ausserdem ist der Respekt, den wir anderen entgegenbringen, wenn wir uns am Ideal öffentlicher Vernunft orientieren, im Grunde «halbherzig», klammern wir dabei doch nicht nur unsere weltanschaulichen Überzeugungen aus sondern auch ihre. Rawls ist offensichtlich der Ansicht, diese «Halbherzigkeit» sei der Preis, den wir zahlen müssen, um in pluralistischen Gesellschaften für grundlegende politische Fragen Lösungen zu finden, die für alle akzeptabel sind. Demgegenüber meine ich, dass ein weniger enges Verständnis öffentlicher Vernunft durchaus Chancen für Konsense und Kompromisse eröffnen würde, die dem Umstand Rechnung tragen, dass es zu vielen moralischen Prinzipien und Idealen unterschiedliche Zugänge gibt. Deshalb halte ich die von Rawls und anderen erhobene Forderung, religiöse Überzeugungen *per se* zu beschränken, für unangemessen, ohne damit allerdings jegliche Beschränkung religiöser und anderer Argumente ausschliessen zu wollen.

ad 2) Plausibler als dieser erscheint mir ein anderer Weg, den Liberale seit John Locke immer wieder eingeschlagen haben, um das Individuum als freies und gleiches Mitglied der Gesellschaft vor Übergriffen des Staates zu schützen, indem sie ihm gewisse unveräusserliche Rechte zuschreiben. Einer der prominentesten Vertreter dieses Typs liberaler Theorie ist gegenwärtig Ronald Dworkin, der die Verfassung als eine moralische Grundordnung der Gesellschaft zum Schutz vor Mehrheitsentscheidungen verstanden wissen will. Zu diesem Zweck unterscheidet er zwei Arten kollektiven Handelns, denen zwei unterschiedliche Demokratieverständnisse entsprechen (vgl. im folgenden Dworkin: 1998). Die eine der beiden Arten kollektiven Handelns bezeichnet er als statistisch, weil das Handeln dabei, wie Dworkin am Beispiel der Börse illustriert, lediglich das Ergebnis voneinander unabhängiger Handlungen einzelner widerspiegelt. Diesem Begriff kollektiven Handelns entspricht die Vorstellung, Demokratie erschöpfe sich im Willen der Mehrheit. Im anderen Fall wird kollektives Handeln, wie z.B. bei einem Orchester oder einer Fussballmannschaft, als ein gemeinschaftliches Unternehmen begriffen und die Demokratie als eine politische Gemeinschaft. Um herauszufinden, welches dieser beiden Demokratieverständnisse den Vorzug verdient, erscheint es aus liberaler Perspektive sinnvoll, sie an den Werten Gleichheit und Freiheit zu messen, wobei es beim Wert Freiheit sowohl die negative als auch die positive Freiheit zu beachten gilt. Dabei zeigt sich nach Ansicht von Dworkin, dass das statistische Demokratieverständnis die Verwirklichung dieser Werte nicht zu gewährleisten vermag.

Ein statistisches Demokratiemodell, so Dworkin, garantiere nicht gleichen politischen Status, insofern es nicht ausschliesse, dass die Mehrheit die Interessen einer Minderheit ignoriere. Ausserdem verfüge es über keinerlei Schutzmechanismen, um das Individuum vor Einschränkungen seiner Freiheit durch die Mehrheit zu bewahren und so seine negative Freiheit zu schützen. Schliesslich werde auch der auf Selbstregierung zielenden positiven Freiheit durch einen nach dem statistischen Demokratieverständnis funktionierenden Staat nicht gedient. Moderne Demokratien sind Massendemokratien, und es ist nicht zu sehen, wie positive Freiheit unter diesen Umständen im Rahmen einer nach dem statistischen Modell funktionierenden Demokratie gefördert werden könnte.

Positiver fällt die Bilanz nach Ansicht von Dworkin aus, wenn wir uns an dem gemeinschaftlichen Demokratieverständnis orientieren und den Staat als eine politische Gemeinschaft auffassen, wobei der Gemeinschaftscharakter nach liberalem Verständnis strikt auf den Bereich des Politischen zu beschränken ist (vgl. Dworkin: 1996, 217). Es soll sich also nicht etwa um eine Gemeinschaft im engeren Sinne des Wortes handeln, die wie die Kirche durch eine gemeinsame Vorstellung vom guten Leben geeint wäre. Damit sich die Mitglieder dieser Gemeinschaft mit deren kollektiven Handlungen identifizieren können, müssen gewisse strukturelle und relationale Bedingungen erfüllt sein. Zu den strukturellen Bedingungen zählt Dworkin z.b. das Wissen, eine gemeinsame Geschichte zu haben, sowie andere Merkmale dessen, was eine Nation als Kulturnation konstituiert. Darüber hinaus sollen drei relationale Bedingungen erfüllt sein, damit sich jedes einzelne Mitglied der politischen Gemeinschaft mit deren kollektiven Handlungen moralisch identifizieren kann, nämlich (vgl. Dworkin: 1998, 303-305):

- Wert: Jede Person muss das Bewusstsein haben können, dass sie von den anderen Gliedern der Gemeinschaft als gleichwertiges Mitglied anerkannt wird und dass sein Ergehen ebenso zählt wie das der anderen.

- Partizipation: Jede Person muss die Möglichkeit haben, Einfluss auf kollektive Entscheidungen nehmen zu können.

- Unabhängigkeit: Die Macht der Gemeinschaft über den einzelnen muss begrenzt sein.

Diese drei Bedingungen entsprechen offensichtlich den von Dworkin zuvor als Kriterien genannten «liberalen Grundwerten» Gleichheit und positive und negative Freiheit. Sie erhellen die besondere Bedeutung, die der Verfassung in einem liberalen Staatswesen zukommt. Zwar kann die Verfassung die Realisierung dieser Bedingungen nicht garantieren, aber sie soll die dafür notwendigen Voraussetzungen schaffen, indem sie den rechtlichen Rahmen für die Ausübung politischer Macht festsetzt.
Es ist die Verfassung, die die Legitimität politischer Machtausübung in einer konstitutionellen Demokratie an die Respektierung bestimmter Grenzen bindet und so die negative Freiheit des Individuums zu wahren hilft. Dadurch dass sie bestimmte Grundrechte, wie z.B. Gewissens- und Religionsfreiheit statuiert, bekommen diese Rechte - um noch einmal eine von Dworkin geprägte Formulierung aufzunehmen - den Charakter von «politische[n] Trümpfe[n]» (vgl. Dworkin: 1990, 14). Dass es eine zentrale Funktion von Verfassungen ist, die Unabhängigkeit des Individuums zu schützen, hat der Liberalismus von Anfang an betont. Strittig ist hingegen unter Liberalen bis heute, ob und inwieweit die politische Gemeinschaft auch eine Verantwortung für das soziale Ergehen ihrer Mitglieder hat. Folgt man Dworkin, dann ist die Gemeinschaft dafür verantwortlich, dass der Wert des einzelnen nicht den Interessen anderer geopfert wird. Die meisten Verfassungen tragen dem heute Rechnung, indem sie den negativen Freiheitsrechten gewisse soziale Grundrechte an die Seite stellen. Sofern Verfassungen Regeln für politische Prozesse aufstellen, schaffen sie schliesslich eine Basis und einen mehr oder weniger breiten Rahmen für politische Partizipation.
Verfassungen können also wesentliche Voraussetzungen für die Realisierung der von Dworkin genannten relationalen Bedingungen politischer Gemeinschaft erbringen. Sie stellen ein wichtiges Instrument zum Schutz der Würde und Selbstachtung von Menschen dar, und ermöglichen es Bürgerinnen und Bürgern auf diese Weise, sich als Mitglied der politi-

schen Gemeinschaft anerkannt zu wissen und sich mit ihr zu identifizieren.

3. Konstitutioneller Konsens

Bildet nach liberalem Verständnis die wechselseitige Anerkennung der Bürgerinnen und Bürger als Freie und Gleiche die Grundlage einer politischen Gemeinschaft, dann ist, wenn die im vorigen Abschnitt angestellten Überlegungen zutreffen, die Verfassung der Ort, an dem diese Anerkennung ihren Ausdruck findet und der zugleich die Voraussetzung für ihre Realisierung bildet. Und sobald man der zentralen Bedeutung der Verfassung für die eigene politische Anerkennung und die Anerkennung anderer als freie und gleiche Mitglieder der politischen Gemeinschaft gewahr wird, hat man allen Grund sich mit ihr zu identifizieren. So, d.h. als Bezeichnung staatsbürgerlicher Tugend verstanden, erscheint mir der von Sternberger gepägte und von Habermas aufgenomme Begriff «Verfassungspatriotismus» (vgl. Sternberger: 1990; Habermas: 1993) durchaus plausibel, auch wenn sich die kollektive Identität des einzelnen darin kaum erschöpfen kann (vgl. Kersting: 1991).

Angesichts der Tatsache, dass die meisten modernen Staaten einen multikulturellen Charakter aufweisen, üben Verfassungen eine entscheidende Funktion im Hinblick auf die politische Integration von Gesellschaften aus. Multikulturell sind moderne Staaten, insofern sie sich nicht nur aus verschiedenen, historisch gewachsenen Kulturnationen zusammensetzen, sondern auch aus unterschiedlichen Ethnien, die durch Einwanderungsbewegungen dorthin gelangt sind (vgl. zu dieser Unterscheidung Kymlicka: 1998, 11-26). Aufgrund dieser Pluralität kann sich eine kollektive, auf dieses Staatwesen bezogene Identität nicht oder jedenfalls nicht mehr allein über die Identifikation mit einer Kulturnation ausbilden, was wiederum zur Folge hat, dass die Identifikation mit der sich in der Verfassung widerspiegelnden Staatsnation zu einem wesentlichen Faktor politischer Integration wird.

Die Verfassung kann jedoch nur dann Ausdruck staatsbürgerlicher Identität sein, wenn die Bürgerinnen und Bürger sich auch wirklich mit ihr identifizieren und damit auch zu ihr bekennen können. «Kollektive Identität ist eine Frage der *Identifikation* seitens der beteiligten Individuen.» (Assmann: 1999, 132) In einer Verfassung muss sich also ein Konsens der Bürgerinnen und Bürger artikulieren, ohne dass sie selbst mit diesem

«Er [dieser Konsens] geht ihr [der Verfassung] zeitlich voraus und ist nicht auf die Form der Verfassung angewiesen. Sie gibt ihm aber Ausdruck. Ihre Bedeutung liegt darin, dass sie den Konsens von der Entstehungssituation und den beteiligten Personen ablöst und ihm Verbindlichkeit, Dauer und Bestimmtheit verleiht. Auf diese Weise lässt sich der mögliche Dissens über den Konsens vermindern und der politische Prozess von einer permanenten Diskussion über Verfahren und Ziele der Einheitsbildung entlasten. Was in der Verfassung steht, ist nicht mehr Thema, sondern Prämisse politischer Entscheidungen.» (Grimm: 1991, 16).

Das kann allerdings nicht bedeuten, dass die Verfassung, einmal verabschiedet, von der Zustimmung der Bürgerinnen und Bürger unabhängig wäre. Vielmehr kann sie ihre Funktionen nur erfüllen, wenn sie nicht bloss Zeugnis eines Konsenses ist, der früher einmal bestanden hat, sondern wenn sie auch in Gegenwart und Zukunft Anerkennung findet. Ohne dass der Konsens immer wieder von neuem hergestellt werden müsste, bedarf die Verfassung doch zumindest einer stillschweigenden Akzeptanz.

Angesichts des multikulturellen Charakters moderner Gesellschaften und des in ihnen herrschenden Pluralismus der Meinungen, Weltanschauungen und Religionen, kann ein konstitutioneller Konsens nicht als selbstverständlich vorausgesetzt werden. Ob eine Verfassung solch eine breite Akzeptanz findet, hängt von ihrem Inhalt ab. Dieser sollte auf das Wesentliche beschränkt und von überflüssigem Ballast frei sein, um nicht unnötige Konflikte zu provozieren, und sich statt dessen durch eine «relative Offenheit» (Grimm: 1991, 17) auszeichnen, und zwar in dreierlei Hinsicht. Zum einen sollte eine Verfassung Ausdruck eines «überlappenden Konsenses» und so formuliert sein, dass sie für Zugänge aus unterschiedlichen weltanschaulichen und religiösen Perspektiven offen ist. Sie dürfte also nicht so gestaltet sein, dass sie eine bestimmte Begründung der sie tragenden Prinzipien festlegt oder favorisiert. Zum anderen sollte eine Verfassung offen für Interpretationen sein, die es erlauben, sie an sich verändernde Umstände anzupassen. Gerade deshalb dürfte es sinnvoll sein, eine Verfassung nicht zu überladen. Weil dieser Form der Anpassung Grenzen gesetzt sind, sollte eine Verfassung zum dritten schliesslich offen für Veränderungen sein (vgl. Levinson: 1988). In der Schweiz, wo im Prinzip jeder Artikel der Verfassung jederzeit vom Volk revidiert werden kann, während ein Volksinitiativrecht auf Gesetzesebene fehlt, hat man sich vor allem dieses Mittels bedient, um die Verfassung an die sich wandelnden Gegebenheiten anzupassen, was zu der vielbeklagten Heterogenität und Überladung der Verfassung geführt hat (vgl. Häfelin/Haller: 1993, 8f). Entgegen früheren Bestrebungen ändert auch die nachgeführte Bundesverfassung daran nichts.

So notwendig eine «relative Offenheit» der Verfassung auf der einen Seite ist, so problematisch wäre es auf der anderen Seite, wenn sie sich in beliebiger Weise interpretieren liesse. Denn dies würde nicht nur zu einer Erosion der von Grimm genannten Vorzüge führen, die eine Verfassung in staatsrechtlicher Hinsicht auszeichnen, nämlich Verbindlichkeit, Dauer und Bestimmtheit. Vielmehr ginge die Verfassung dadurch auch ihrer integrierenden Funktion verlustig. Gerade wenn eine Verfassung diese Funktion ausüben soll, muss die Balance zwischen Offenheit und Verbindlichkeit gewahrt werden. Eine Verfassung, die nicht offen in dem eben skizzierten Sinne ist, taugt nicht als Identifikationspunkt staatsbürgerlicher Identität in einer pluralistischen Gesellschaft; eine Verfassung, die allzu offen ist, kann hingegen ihre politische Integrationsfunktion nicht ausüben.

Um die notwendige Balance zwischen Offenheit und Verbindlichkeit
herzustellen, bedürfen Verfassungen offenbar eines harten Kerns, der ihnen Konstanz und Identität verleiht. Nach liberalem Verständnis sind
dies diejenigen Artikel, die in elementarer Weise die Gleichheit sowie die
negative und positive Freiheit der Bürgerinnen und Bürger betreffen.
Diese Aufgabe erfüllen insbesondere die in fast jeder Verfassung enthalte-
nen Grundrechtsartikel. Um ihre fundamentale Bedeutung zu unterstrei-
chen, enthält das deutsche Grundgesetz eine Bestimmung, wonach ein
Grundrecht keinesfalls «in seinem Wesensgehalt angetastet werden» (GG
Art 19,2) darf, und wenn es einen Abschnitt im Grundgesetz gibt, der
Bekenntnischarakter besitzt, dann ist es dieses Kapitel, in dem die staatsbürgerliche Identität der Deutschen in konzentrierter Weise zum Aus-
druck kommt. So verstanden haben wir es hier sowohl mit einem Stück
Zivilreligion als auch mit jenem Aspekt der Verfassung zu tun, auf den
der Verfassungspatriotismus als staatsbürgerliche Tugend in besonderer
Weise bezogen ist (anders Vögele: 1994, 263).

Im Unterschied zum Grundgesetz kennt die Schweizer Bundesverfassung keinen vergleichbaren Veränderungsvorbehalt. Das gilt auch für die
reformierte Bundesverfassung, die man, sofern sie das Ergebnis eines
langwierigen, kollektiven Selbstfindungsprozesses widerspiegelt, als einen
Ausdruck staatsbürgerlicher Identität betrachten darf. Dem tut die Tatsache, dass es sich dabei in erster Linie um eine Nachführung und eine
Anpassung an die Verfassungswirklichkeit handelt, die sich in den ver-
gangen Jahrzehnten herausgebildet hat, nicht unbedingt Abbruch. So
bedauerlich das Scheitern einer Totalrevision auf der einen Seite sein
mag, so hat dies doch auf der anderen Seite zur Folge, dass sich auch in
der neuen Gestalt der Verfassung die historisch gewachsene und veran-
kerte Schweizer Identität widerspiegelt, auch wenn es im Vorfeld der Abstimmung vom 19. April 1999 offenbar nicht gelungen ist, dies hinrei-
chend deutlich zu machen. Treffen die zuvor angestellten Überlegungen
zu, dann gilt dies – normativ betrachtet – in besonderer Weise für die auf
die allgemeinen Bestimmungen am Beginn der Verfassung folgenden Kapitel über Grundrechte, Bürgerrechte und Sozialziele. Weil in ihnen die
staatsbürgerliche Identität der Schweizerinnen und Schweizer ihren ei-
gentlichen Ausdruck findet, scheint es angemessen, sie als ein politisches
Bekenntnis zu verstehen.

Sofern Verfassungen Selbstdefinitionen sind, üben sie eine religiösen
Bekenntnissen vergleichbare Funktion aus. Wie diese sind sie ein Aus-
druck kollektiver Identität, und so gesehen haben sie im politischen
Raum eine Bedeutung, die der Kernfunktion von Bekenntnissen ent-
spricht. Weniger ausgeprägt sind allerdings die Analogien zu anderen
Funktionen von Bekenntnissen. Offensichtlich ist zwar, dass Verfassun-
gen ähnlich wie religiöse Bekenntnisse eine gemeinschaftsbildende und
–sichernde Funktion haben, aber sie wirken dabei nicht in demselben
Masse abgrenzend. Auch von einer kerygmatischen oder doxologischen
Funktion kann bei Verfassungen kaum die Rede sein, während es durch-

aus vorstellbar ist, dass sie zuweilen eine katechetische Funktion wahrnehmen. Wenngleich also Verfassungen in politischer Hinsicht eine der Kernfunktion von Bekenntnissen vergleichbare Bedeutung haben, so sind der Analogie von Verfassung und religiösem Bekenntnis doch Grenzen gesetzt. Deutlicher noch wird die Differenz nämlich, wenn man die funktionale Betrachtungsweise verlässt und den Blick auf den Inhalt beider Texte richtet. In religiösen Bekenntnissen geht es um religiöse Identität, während Verfassungen Ausdruck staatsbürgerlicher Identität sind. Bekenntnisse wollen ein Ausdruck dessen sein, «was uns unbedingt angeht», Verfassungen hingegen kodifizieren das, was die Grundlage einer politischen Gemeinschaft von freien und gleichen Bürgerinnen und Bürgern bilden soll. Zwar sind in beiden Fällen Menschen die Autoren des betreffenden Textes, doch unterscheiden sich religiöse Bekenntnisse insofern von Verfassungen, als sie sich auf etwas beziehen, was menschlicher Verfügungsgewalt entzogen ist. In ihnen spiegelt sich eine dahinter liegende Bindung wieder. Für Verfassungen als politische Bekenntnisse gilt das nicht. Sie selbst sind das Ergebnis einer Übereinkunft, durch die sich Menschen miteinander verbinden, nicht mehr.

4. «Im Namen Gottes des Allmächtigen!»?

Wenn man sich mit der kollektiven Identität einer Staatsnation beschäftigt, verdient ein Element von Verfassungen besondere Aufmerksamkeit, von dem bislang noch nicht die Rede war: die Präambel. Nirgendwo sonst werden das Selbstverständnis der Verfassungsgeber, die Überzeugungen und Werte, von denen sie sich haben leiten lassen, in so feierlicher und bekenntnishafter Sprache formuliert wie hier (vgl. Häberle: 1982, 229-237). Indem sie den «Basiskonsens» (Häberle: 1982, 230) einer politischen Gemeinschaft umreisst, soll die Präambel in besonderer Weise deren kollektive Identität zum Ausdruck zu bringen. Der Idee nach ist sie ein politisches Bekenntnis *par excellence*. Ob und inwiefern das auch für die neue Präambel der Schweizer Bundesverfassung gilt, kann und will ich hier nicht ausführlich erörtern. Vielmehr möchte ich mich auf die *invocatio dei* als einen Teil der Präambel beschränken, der seit langer Zeit den Auftakt zur Bundesverfassung bildet. Kann man sagen, dass sie auch heute noch einen «Basiskonsens» und damit auch ein Stück Schweizer Identität zum Ausdruck bringt? Ist sie, mit anderen Worten, ein angemessenes politisches Bekenntnis?

Die Geschichte der Totalrevision der Schweizer Bundesverfassung reicht weit zurück. Seit die Bemühungen 1966 in Gang kamen, haben sich verschiedene Arbeitsgruppen, Kommissionen und Experten mit der Reform der Verfassung befasst und eine Reihe von Entwürfen vorgelegt, und wenn es in dieser langen Geschichte Elemente der Kontinuität gibt, dann zählt die *invocatio dei* auf jeden Fall dazu. Sie fehlt in keinem der offiziellen Reformvorschläge angefangen vom Entwurf der Expertenkommission Furgler aus dem Jahr 1977 über die Modell-Studie des EJPD von 1985 bis hin zu den Entwürfen, die der Bundesrat 1995 und 1996 vorgelegt hat. Auch der Alternativentwurf von Alfred Kölz und Jörg Paul Müller (vgl. Kölz/Müller: 1995, 1) macht hier keine Ausnahme, und so kontrovers man in den vergangenen Jahren im Parlament und im Ständerat über den Wortlaut der Präambel diskutiert hat, so konnte doch kaum je ein Zweifel daran aufkommen, dass auch der endgültige Vorschlag, den die Bundesversammlung dem Schweizer Volk zur Abstimmung unterbreiten würde, mit den Worten «Im Namen Gottes des Allmächtigen!» beginnt (vgl. den Bundesbeschluss über eine neue Bundesverfassung vom 18.12.1998; http://205.244.37/181/).

Die Aufnahme dieser Ingressformel «stellt», so heisst es in der Botschaft des Bundesrates von 1996, «einen hochbedeutsamen Traditionsanschluss dar» (Botschaft: 1996, 122), und tatsächlich bildet die *invocatio dei* einen festen Bestandteil schweizerischer Verfassungsgeschichte. Bereits der 1291 geschlossene Bund der drei Waldstätte Uri, Schwyz und Unterwalden begann mit den den Worten «In nomine domini, amen!», und fast alle weiteren Bundesschlüsse der alten Eidgenossenschaft setzten diese Tradition fort, bis sie in der Zeit der Helvetik und der Mediation ihr vorläufiges Ende fand. Die Unterbrechung war freilich nur von kurzer Dauer, denn schon mit dem Bundesvertrag von 1815 kehrte man wieder zur alten Tradition zurück, nur dass der Ingress von nun an «Im Namen Gottes des Allmächtigen!» lautete. Wurde diese Formel nach dem Urteil Peter Saladins 1848 noch «ohne jeden Zweifel christlich» (Saladin: 1976, 19) verstanden, so meinte man damit vermutlich bereits 1874 nicht mehr unbedingt den Gott des christlichen Bekenntnisses, sondern ebenso die, wie es in der gern zitierten, polemischen Formulierung Ernst Staehelins heisst, «Gottheit eines theistischen oder pantheistischen Idealismus oder eines unbestimmten Feld-, Wald- und Wiesenpatriotismus» (zit. nach Saladin: 1976, 21). Heute herrscht Einigkeit darüber, dass mit dem allmächtigen Gott, der hier angerufen wird, nicht mehr allein der christliche Gott gemeint sein darf:

> «Angesichts der verschiedenen Religionen und Weltanschauungen darf diese Macht nicht nur im christlichen Sinne verstanden werden; der Staat darf keine bestimmte Glaubensüberzeugung für verbindlich erklären, und jede Person kann ‹Gott dem Allmächtigen› einen persönlichen Sinn geben.» (Botschaft: 1996, 23)

Aber lässt die *invocatio dei* dies überhaupt zu? Kann sie im Kontext einer pluralistischen, multikulturellen Gesellschaft noch Ausdruck kollektiver Identität sein? Und welchen Sinn hätte sie dann?

Die *invocatio dei* ist eine feste Grösse in der schweizerischen Verfassungsgeschichte. Wenn die Worte «Im Namen Gottes des Allmächtigen!» nun auch den Auftakt zur erneuerten Bundesverfassung bilden, so spiegelt sich darin vor allem ein starkes Traditionsbewusstsein wider, und die weitreichende Zustimmung, die die *invocatio dei* im Rahmen des Vernehmlassungsverfahrens bei den Privaten gefunden hat (vgl. Amtliches

Bulletin: 1998, 129), ist ein Ausdruck dieses Traditionsbewusstseins. Indem man sie wiederum an den Anfang der Verfassung setzt, verweist man auf die Schweizer Geschichte. Man stellt sich selbst in diese Geschichte hinein, bringt seine Verbundenheit mit ihr und damit zugleich ein Stück kollektiver Identität zum Ausdruck (vgl. Fleiner: 1976, 25f). Die *invocatio dei* ruft, so gesehen, jene gemeinsame Geschichte ins Gedächtnis, die die Schweizerinnen und Schweizer ungeachtet ihrer Zugehörigkeit zu verschiedenen Kulturnationen zusammengeführt hat. Sie erinnert daran, dass es der Schweiz trotz ihres multinationalen Charakters gelungen ist, eine die Grenzen der primären Kulturnationen überschreitende Identität auszubilden, die ihrerseits Züge einer Kulturnation trägt.

Die Funktion der *invocatio dei* wird sich allerdings kaum darin erschöpfen dürfen, die Identität der Schweiz als Kulturnation zu beschwören. Dies liesse sich, wie die *narratio* im zweiten Teil der erneuerten Präambel zeigt, auch auf andere Weise erreichen, und hätte die *invocatio* allein diesen Sinn, müsste man sich wohl den Vorwurf, man gebrauche den Namen Gottes allzu leichtfertig, gefallen lassen. Zudem zeigen die zahlreichen Reaktionen, die gerade die Präambel als ganze im Zuge der Vernehmlassung ausgelöst hat, dass sie im Bewusstsein der Bevölkerung - oder doch zumindest im Bewusstsein derer, die sich mit der Verfassung auseinandergesetzt haben -, nicht bloss eine historische Reminiszenz darstellt (vgl. Botschaft: 1996, 122). Die Präambel und mit ihr die *invocatio dei* müsste also einen Sinn haben, der über die Erinnerung an die gemeinsame Geschichte hinausreicht.

Dass sie tatsächlich einen solchen Sinn hat, behaupten denn auch diejenigen, die in den letzten Jahren für eine Beibehaltung des traditionellen Ingresses eingetreten sind. Die *invocatio dei*, so argumentieren sie, sei als Ausdruck der transpositiven Legitimationsbedürftigkeit des Rechts (vgl. Karlen: 1988, 152) und als «Bekenntnis zur beschränkten Souveränität des Staates» (Fleiner: 1976, 28) bzw. des Menschen (vgl. Holenstein: 1998, 146) zu verstehen. Dieser Auffassung hat sich auch die Expertenkommission Furgler angeschlossen, als sie 1977 in ihrem Bericht erklärte, die Anrufung Gottes «dürfe nicht eine Verpflichtung auf eine bestimmte Weltanschauung mit sich bringen, sondern wolle lediglich eine Grundhaltung ausdrücken, dass sich Mensch und Staat nicht auf sich selbst gründen wollten.» (Expertenkommission: 1977, 18) Und in der Botschaft des Bundesrates aus dem Jahr 1996 heisst es, die Präambel solle «daran erinnern, dass neben den Menschen und dem Staat eine höhere Macht existiert, womit der Wert des Irdischen relativiert wird.» (Botschaft: 1996, 122f) Folgt man dieser Interpretationslinie, dann wäre die Formel «Im Namen Gottes des Allmächtigen!» als ein nicht notwendig religiöses, sondern auch für Atheisten akzeptables Bekenntnis zur transpositiven Legitimationsbedürftigkeit der Rechtsordnung und zur begrenzten Macht des Menschen und des von ihm geschaffenen Staates zu verstehen. Dass eine solche Interpretation dem tatsächlichen Wortlaut beträchtiche Gewalt antut, ist offenkundig. Das gilt, wie ich nun zeigen möchte, für alle drei Elemente der *invocatio dei.*

Wer sich um eine unbefangene und von aller Interpretationsakrobatik unbeeinflusste Lesart bemüht, wird sich zum einen nur schwer der Einsicht verschliessen können, dass hier Gott der Allmächtige zur Legitimation der Verfassung in Anspruch genommen wird. Die *invocatio* spricht nicht einfach bloss von der Legitimationsbedürftigkeit der Verfassung, sondern legitimiert sie. Wenn jemand erklärt, er spreche «im Namen» einer bestimmten Person oder Sache, dann behauptet er damit, er handle im Auftrag dieser Person, oder er sei motiviert durch die betreffende Person bzw. Sache. Nimmt man deshalb die Formel «Im Namen Gottes» ernst, so besagt sie, dass diejenigen, die sich diese Verfassung geben, dies motiviert durch ihren Glauben an Gott oder gar in der Überzeugung tun, im Auftrag Gottes zu handeln. Macht man sich dies klar, dann wird deutlich, dass die *invocatio* ein Relikt des Mittelalters ist, wo man der Überzeugung war, die Legitimität politischer Macht könne ihren Grund allein in göttlicher Autorität finden und menschliche Gesetze seien Ausdruck göttlichen Rechts. Zu einer Zeit, in der das menschliche Recht oft nur wenig Durchsetzungskraft besass, diente sie damit zugleich als Sanktionsinstrument, drohte doch denjenigen, die gegen dieses Recht verstiessen, die Strafe Gottes. Dass ein derartiges Legitimitäts- und Rechtsverständnis seine Plausibilität und Tragfähigkeit in einer von konfessioneller und weltanschaulicher Vielfalt geprägten Welt eingebüsst hat, bedarf keiner näheren Erläuterung. Innerhalb der Staatsphilosophie hat man daraus seit Hobbes zu Recht die Konsequenz gezogen, indem man versucht, politische Machtausübung unabhängig von religiösen Prämissen zu legitimieren. Sich im Ingress einer Verfassung auf Gott zu berufen, dürfte deshalb heutzutage nicht nur anmassend und überheblich (vgl. Marcus: 1996, 277) sondern gar sinnlos sein.

Nicht geringe Probleme bereitet zum anderen der Umstand, dass hier Gott als «der Allmächtige» angerufen wird. Gewöhnlich versucht man die fortwährende Relevanz dieses Attributs dadurch zu rechtfertigen, dass man es als ein Bekenntnis zur Begrenztheit menschlicher und staatlicher Macht interpretiert. Das ist allerdings, wie aufgrund der eben angestellten Überlegungen deutlich sein sollte, nur möglich, wenn man davon absieht, dass diejenigen, die hier reden, für sich in Anspruch nehmen, dies «im Namen Gottes» zu tun und nicht etwa «angesichts von» oder gar «in Demut vor Gott dem Allmächtigen». Heisst das nicht, dass sie sich selbst zumindest ein Stück von Gottes Allmacht anmassen, indem sie für sich in Anspruch nehmen, in seinem Namen zu handeln (anders hingegen Saladin: 1996, 272)? Aber selbst wenn man einmal von dieser möglichen Anmassung absieht, dürften nicht wenige das Attribut der Allmacht als anstössig empfinden. Daran ändert auch der Umstand nichts, dass es sich dabei weniger um ein Zitat aus dem Apostolikum oder einem anderen christlichen Glaubensbekenntnis handelt, sondern dass darin wohl eher «die Sprache der Aufklärung» (Schmid: 1991, 527; vgl. Holenstein: 1998,

125) zum Ausdruck kommt. Dies macht sie nicht weniger anstössig, und zwar nicht nur für Menschen, die anderen Religionen, wie z.B. dem Buddhismus anhängen, sondern auch für Christinnen und Christen, für die die Rede von Gottes Allmacht zunehmend fragwürdig geworden ist. Nicht ohne Grund, wie Arthur Rich schon 1976 bemerkt hat, denn in den biblischen Schriften begegnet die Allmacht nicht als zentrales Attribut Gottes (vgl. Rich: 1976, 31).

Bleibt schliesslich die Frage, ob es sinnvoll ist, im Ingress der Verfassung überhaupt von Gott zu reden. Wenn die *invocatio dei* mehr als ein patriotisches Bekenntnis zur Schweizer Geschichte sein und die kollektive, staatsbürgerliche Identität in einer für alle auch heute und in Zukunft akzeptablen Weise zum Ausdruck bringen soll, müsste man dann nicht darauf verzichten, Gott in der Präambel anzurufen, weil dadurch nicht-religiöse Menschen und Atheisten ausgeschlossen werden? Für gewöhnlich versucht man dieses Problem dadurch zu lösen, dass man behauptet, das Wort «Gott» könne als eine «Chiffre» (Expertenkommission: 1977, 18) oder eine «Metapher» (Holenstein: 1998, 143) dafür verstanden werden, «dass sich», wie es in dem bereits zitierten Bericht der Expertenkommission von 1977 heisst, «Mensch und Staat nicht auf sich selbst gründen wollten.» (Expertenkommission: 1977, 18) Eine solche Interpretation setzt freilich voraus, dass man dieses Anliegen nur oder doch am besten zum Ausdruck bringt, indem man das Wort «Gott» ins Spiel bringt. Eben in diesem Sinne argumentiert denn auch Eilert Herms in seinem Plädoyer für den Gottesbegriff in der Präambel. Seines Erachtens eignet sich kein anderes Wort besser

> «als denkbar unmissverständliche Bezeichnung der vom Menschen definitiv unterschiedenen Instanz, der sich der Mensch als gewissenhafte Person verdankt, aber zugleich auch als eine Bezeichnung, die für die ganze Spannbreite inhaltlicher Bestimmungen dieser Instanz offen ist.» (vgl. Herms: 1995, 453)

Aber ist die *invocatio dei* wirklich unmissverständlich offen für die verschiedensten Interpretationen? Mir erscheint es zweifelhaft, dass sich ein nicht-religiöser Mensch tatsächlich mit der *invocatio dei* identifizieren kann, denn wer würde bei «Gott» nicht zuerst an *Gott* denken? Ist der Gottesbegriff als Chiffre oder Metapher in der Präambel tatsächlich unvermeidbar? Warum sollte man nicht die Überzeugung, dass Mensch und Staat nicht auf sich selbst gründen, weniger «missverständlich» und damit auch weniger anstössig zum Ausdruck bringen können, indem man genau dies «unchiffriert» erklärt? – Eine ganz andere Frage ist freilich, ob es überhaupt sinnvoll ist, dies, in welcher Form auch immer, zu sagen. Täte man nicht besser daran, damit ernst zu machen, dass die Verfassung Menschenwerk ist und von Menschen verantwortet werden muss? Den «Wert des Irdischen» zu relativieren, wie es in der Botschaft des Bundesrates von 1996 heisst, kann eigentlich nicht Aufgabe der Verfassung sein – im Gegenteil.

Literatur

Amtliches Bulletin der Bundesversammlung, Reform der Bundesverfassung, Nationalrat (Separatdruck), 108. Jg., Bern 1998.

J. Assmann, Das kulturelle Gedächtnis. Schrift, Erinnerung und politische Identität in frühen Hochkulturen, München 1999.

Botschaft über eine neue Bundesverfassung vom 20. November 1996, Bern 1996.

D. Brühlmeier, Nation und nationale Identität aus staats- und verfassungstheoretischer Sicht, Beiträge und Berichte des Instituts für Politikwissenschaft der Hochschule St. Gallen 119, St. Gallen 1988.

Bundesgesetz über den Erwerb und Verlust des Schweizer Bürgerrechts vom 29. September 1952 (BüG), Schweizerische Rechtssammlung 141.0.

M. DePaul, Liberal Exclusions and Foundationalism, Ethical Theory and Moral Practice 1 (1998), 103–120.

R. Dworkin, Liberal Community, in: S. Avineri/A. De-Shalit (Hg.), Communitarianism and Individualism, Oxford 1996, 205–223.

R. Dworkin, Bürgerrechte ernstgenommen, Frankfurt a.M. 1990.

R. Dworkin, Freiheit, Selbstregierung und der Wille des Volkes. Ist Demokratie heute noch möglich?, in: St. Gosepath/G. Lohmann (Hg.), Philosophie der Menschenrechte, Frankfurt a.M. 1998, 292–309.

Expertenkommission für die Vorbereitung einer Totalrevision der Bundesverfassung, Bericht, Bern 1977.

T. Fleiner, Die rechtliche und staatsphilosophische Bedeutung der Präambel unserer Bundesverfassung, Ref. 25 (1976), 24–28.

D. Grimm, Verfassung, in: ders., Die Zukunft der Verfassung, Frankfurt a.M. 1991, 11–28.

St. Grotefeld, Politische Deliberation und religiöse Überzeugungen. Kritische Überlegungen zu John Rawls' Idee öffentlicher Vernunft aus theologischer Sicht, in: Klaus Peter Rippe (Hg.), Angewandte Ethik in der pluralistischen Gesellschaft, Ethik und politische Philosophie 2, Fribourg 1999, 75–99.

Grundgesetz für die Bundesrepublik Deutschland vom 23. Mai 1949 (GG), Textausgabe mit ausführlichen Verweisungen und einem Sachverzeichnis, 51., neubearb. Aufl., München 1993.

J. Habermas, Staatsbürgerschaft und nationale Identität, in: ders., Faktizität und Geltung. Beiträge zur Diskurstheorie des Rechts und des demokratischen Rechtsstaats, Frankfurt a.M. ³1993, 632–660.

P. Häberle, Präambeln im Text und Kontext von Verfassungen, in: J. Listl/H. Schambeck (Hg.), Demokratie in Anfechtung und Bewährung, FS für J. Broermann, Berlin 1982, 211–249.

U. Häfelin/W. Haller, Schweizerisches Bundesstaatsrecht. Ein Grundriss, 3., neubearb. Aufl., Zürich 1993.

W. Härle, Dogmatik, Berlin/New York 1995.

R. Heeger, Culture, Nation, State, in: T. van Willigenburg/ders./W. van der Burg (Hg.), Nation, State and the Coexistence of Different Communities, Kampen 1995, 11–24.

E. Herms, «Verantwortung» in der Verfassung, in: ders., Kirche für die Welt. Lage und Aufgabe der Kirchen im vereinigten Deutschland, Tübingen 1995, 441–461.

E. Holenstein, Gott und die Würde der Kreatur in der Schweizerischen Bundesverfassung, in: ders., Kulturphilosophische Perspektiven. Schulbeispiel Schweiz. Europäische Identität auf dem Prüfstand. Globale Verständigungsmöglichkeiten, Frankfurt a.M. 1998, 118–163.

U. Im Hof, Mythos Schweiz. Identität – Nation – Geschichte 1291–1991, Zürich 1991.

P. Karlen, Das Grundrecht der Religionsfreiheit in der Schweiz, Zürcher Studien zum öffentlichen Recht 73, Zürich 1988.

W. Kersting, Verfassungspatriotismus, kommunitäre Demokratie und die politische Vereinigung der Deutschen, in: P. Braitling/W. Reese-Schäfer (Hg.), Universalismus, Nationalismus und die neue Einheit der Deutschen, Frankfurt a.M. 1991, 143-166.

A. Kölz/J.P. Müller, Entwurf für eine neue Bundesverfassung vom 16. Mai 1984, Zürich, 3., neubearb. Aufl. vom 23. März 1995, Bern 1995.

W. Kymlicka, Multicultural Citizenship. A Liberal Theory of Minority Rights, Oxford 1998.

S. Levinson, Constitutional Faith, Princeton 1988.

M. Marcus, Im Namen Gottes?, ZeitSchrift für Kultur, Politik und Kirche. Reformatio 45 (1996), 276f.

D. Miller, Community and Citizenship, in: S. Avineri/A. De-Shalit (Hg.), Communitarianism and Individualism, Oxford 1996, 85-100.

D. Miller, On Nationality, Oxford 1997.

J. Rawls, Political Liberalism, New York 1996 (deutsch: 1998).

J. Rawls, The Idea of Public Reason Revisited, The University of Chicago Law Review 64 (1997), 765-807.

A. Rich, Theologische Erwägungen zur Präambel der Schweizerischen Bundesverfassung, Ref. 25 (1976), 29-33.

P. Saladin, Im Namen Gottes des Allmächtigen. Erwägungen zur Präambel der Bundesverfassung, Ref. 25 (1976), 15-23.

P. Saladin, Zur Präambel einer revidierten Verfassung, ZeitSchrift für Kultur, Politik und Kirche. Reformatio 45 (1996), 269-275.

H.H. Schmid, Die Schweiz der Zukunft - «Im Namen Gottes, des Allmächtigen»?, Schweizerisches Zentralblatt für Staats- und Verwaltungsrecht 92 (1991), 525-537.

H. Schwarz, Glaubensbekenntnis(se) IX. Dogmatisch, in: TRE 13, 1993, 437-441.

D. Sternberger, Verfassungspatriotismus. Rede bei der 25-Jahr-Feier der «Akademie für Politische Bildung», in: ders., Verfassungspatriotismus, Schriften X, Frankfurt a.M. 1990, 17-31.

P. Tillich, Systematische Theologie I/II, Berlin/New York [8]1987.

W. Vögele, Zivilreligion in der Bundesrepublik Deutschland, Öffentliche Theologie 5, Gütersloh 1994.

Hinweise

Autorinnen und Autoren

Dr. Emidio Campi ist Professor für Kirchengeschichte und Direktor des Instituts für Schweizerische Reformationsgeschichte an der Theologischen Fakultät der Universität Zürich.

Sieglinde Geisel hat Germanistik und Theologie studiert. Sie lebt als freie Publizistin nach einer Zeit in New York jetzt in Berlin.

Dr. Stefan Grotefeld arbeitet an einem vom Schweizerischen National-fonds finanzierten Forschungsprojekt zum Thema «Protestantische Ethik in der pluralistischen Gesellschaft. Untersuchungen zum Verhältnis von Staat, Politik und Kirchen in der Schweiz».

Esther Hürlimann, Germanistin, arbeitet als Journalistin in Zürich.

Dr. Ulrich Knellwolf ist Schriftsteller und arbeitet teilzeitlich als Pfarrer im Pflegeheim Rehalp in Zürich.

Dr. Matthias Krieg ist Pfarrer und Leiter der Abteilung Bildung und Ge-sellschaft, eines Gesamtkirchlichen Dienstes der Evangelisch-reformierten Landeskirche des Kantons Zürich.

Dr. Robert Leuenberger ist emeritierter Professor für Praktische Theologie an der Theologischen Fakultät der Universität Zürich.

Dr. Hans Jürgen Luibl ist Wissenschaftlicher Mitarbeiter am Institut für Hermeneutik und Religionsphilosophie an der Theologischen Fakultät der Universität Zürich und Pfarrer der Evangelisch-lutherischen Landes-kirche in Bayern.

Kristin Rossier Buri war viele Jahre Pfarrerin und ist heute Leiterin der Formation au service chrétien der Waadtländer Kirche.

Susanne Ruegg Bauke ist Pfarrerin in Langnau am Albis.

Ernst Sommer ist ehemaliger Präsident der reformierten Kirchenpflege Meilen sowie ehemaliges Mitglied der Zürcher Synode.

Madeleine Strub-Jaccoud ist Präsidentin der Basler Mission, zuvor war sie Präsidentin der Schweizerischen Evangelischen Synode und u.a. Ge-schäftsleiterin der Arbeitsgruppe für evang. Erwachsenenbildung.

Freiheit im Bekenntnis

Interdisziplinäre Vorlesungsreihe

I. Grundsätzliches

20.10.1999
Bekennen als Prüfstein christlicher Freiheit
Zum Einstieg in die Vorlesungsreihe
Prof. P. Bühler

27.10.1999
Bekenntnis und Verbindlichkeit
Die Bedeutung des Bekenntnisses für die spirituelle
Einheit der Kirche
Prof. J. Fischer

II. Geschichtliches

3.11.1999
Die altkirchlichen Bekenntnisse und ihre Rezeption
in der Reformation
Prof. A. Schindler

10.11.1999
Bekenntnis, Bekenntnisschriften und Kirchenordnung in der
reformierten Reformation
Prof. E. Saxer, Bern

17.11.1999
Die Entwicklungen des Glaubensbekenntnisses in der Geschichte
der Zürcher Kirche bis in die Gegenwart
Prof. E. Campi

III. Biblisches

24.11.99
Die Geschichte im Credo
Entstehung und Theologie geschichtlicher Credotexte im
Alten Testament
PD K. Schmid

1.12.1999
Glaubensbekenntnis und Gotteserkenntnis –
Denkanstösse aus dem Alten Testament
Prof. Th. Krüger

8.12.1999
Theologie als Credoauslegung
Paulus und die urchristlichen Glaubensbekenntnisse
Prof. J. Zumstein

IV. Gottesdienstliches

15.12.1999
Seelsorge und Bekenntnis
Prof. Ellen Stubbe

22.12.1999
Bekenntnis zwischen Dogmatik und Poetik
Die sprachschöpfende Kraft von Bekenntnissen
Prof. A. Grözinger, Basel

12.1.2000
«So sie's nicht singen, glauben sie's nicht»
Gesprochenes und gesungenes Bekenntnis im neuen Reformierten
Gesangbuch
Prof. A. Marti, Bern

V. Gegenwärtiges und Zukünftiges

19.1.2000
Bekennen ohne Bekenntnis
Der formulierte Glaube in den attraktivsten Formen zeitgenössischer
Religiosität
Prof. G. Schmid

26.1.2000
Bekenntnis und Ökumene
Prof. M. Opocensky, Genf

VI. Abschlussveranstaltung

2.2.2000
Podiumsdiskussion
(mit Impulsreferaten eines Vertreters der Kirche und der Universität)
Leitung: *Proff. Bühler/Campi* und *Pfr. Reich*

Die interdisziplinäre Vorlesungsreihe der Theologischen Fakultät der Universität Zürich wird veranstaltet vom Institut für Hermeneutik und Religionsphilosophie. Sie findet statt im Wintersemester 1999–2000, jeden Mittwoch von 16–18 Uhr im Hauptgebäude der Universität Zürich.

Bücher im Pano Verlag

THEOPHIL

Zürcher Beiträge zu Religion und Philosophie
herausgegeben von Helmut Holzhey und Fritz Stolz

Band 1: Walter Bernet, *Verzehrende Erfahrung. Stationen einer theologischen Laufbahn*, 1995. ISBN 3-9520323-4-4. VII, 178 S., Fr. 35.00 / DM 38.00.

Band 2: Helmut Holzhey/Peter Schaber (Hrsg.), *Ethik in der Schweiz. Ethique en Suisse*, 1996. ISBN 3-9520323-5-2. VI, 224 S., Fr. 20.00 / DM 20.00.

Band 5: Alberto Bondolfi/Walter Lesch/Daria Pezzoli-Olgiati (Hrsg.), *»Würde der Kreatur«. Essays zu einem kontroversen Thema*, 1997. ISBN 3-907576-00-4, 136 S., Fr. 20.00 / DM 20.00.

Band 6: Ansgar Jödicke, *Das Islambild in den Schulbüchern der Schweiz. Mit einem Vorwort von Fritz Stolz und einer Analyse der Lehrpläne von Markus Holenstein*, 1997. ISBN 3-907576-03-9, 118 S., Fr. 20.00 / DM 20.00.

Band 8: Ingolf U. Dalferth, Hans Jürgen Luibl, Hans Weder (Hrsg.), *Europa verstehen. Zum europäischen Gestus der Universalität*, 1997. ISBN 3-907576-01-2, 130 S., Fr. 20.00 / DM 20.00.

Band 9: Ingolf U. Dalferth, Hans Jürgen Luibl, Hans Weder (Hrsg.), *Die Wissenschaften und Gott. Ringvorlesung aus Anlass des 60. Geburtstages des Rektors der Universität Zürich, Prof. Dr. Hans Heinrich Schmid*, 1997. ISBN 3-907576-05-5, 230 S., Fr. 38.00 / DM 40.00.

Außerdem im Pano Verlag:

Rüdiger Bartelmus, *Theologische Klangrede. Studien zur musikalischen Gestaltung und Vertiefung theologischer Gedanken durch J.S. Bach, G.F. Händel, F. Mendelssohn, J. Brahms und E. Pepping,* 1998. ISBN 3-907576-07-1, VI, 242 S., Fr. 30.00 / DM 32.00.

Jörg Büchli, *Am Anfang steht der Logos. Elementargrammatik zum Griechisch des Neuen Testaments,* 1999. ISBN 3-907576-18-7, 80 S., Fr. 20.00 / DM 20.00.

Thomas Krüger, *Kritische Weisheit. Studien zur weisheitlichen Traditionskritik im Alten Testament,* 1997. ISBN 3-9520323-7-9, VIII, 230 S., Fr. 20.00 / DM 20.00.

Fritz Stolz, *Kirchgasse 9. Ein theologischer Kriminalroman.* 3. Aufl. 1997. ISBN 3-9520323-3-6, 191 S., Fr. 25.00 / DM 25.00.

Klaus Seybold, *Die Sprache der Propheten. Studien zur Literaturgeschichte der Prophetie,* 1998. ISBN 3-907576-12-8, 260 S., Fr. 30.00 / DM 32.00.

Schola Tigurina. Die Zürcher Hohe Schule und ihre Gelehrten um 1550. Katalog zur Ausstellung vom 25. Mai bis 10. Juli 1999 in der Zentralbibliothek Zürich, hrsg. vom Institut für Schweizerische Reformationsgeschichte. 1999, ISBN 3-907576-19-5, 69 S., Fr. 20.00 / DM 20.00.

Jean Zumstein, *Kreative Erinnerung. Relecture und Auslegung im Johannesevangelium,* 1999. ISBN 3-907576-11-X, ca. 250 S., Fr. 30.00 / DM 32.00.

Unser vollständiges Programm finden Sie im Internet:

http://www.pano.de

Bestellungen an:

Pano Verlag
Hadlaubstr. 142, CH-8006 Zürich
Tel. (01) 361 51 59, Fax (01) 380 08 54
Carl-Kistner-Str. 21, D-79115 Freiburg i.B.
Tel./Fax (0761) 476 10 14
E-mail: bestellungen@pano.de

oder an jede Buchhandlung.